Land der Lenker

Thomas Vašek

Land der Lenker

Die Deutschen und ihr Auto

Die Deutsche Nationalbibliothek verzeichnet diese
Publikation in der Deutschen Nationalbibliografie;
detaillierte bibliografische Daten sind im Internet
über http://dnb.de abrufbar.

wbg THEISS ist ein Imprint der wbg.
© 2019 by wbg (Wissenschaftliche Buchgesellschaft), Darmstadt
Die Herausgabe des Werkes wurde durch die
Vereinsmitglieder der wbg ermöglicht.
Satz: schreiber VIS, Seeheim
Einbandabbildung: © Alexander Kirch / Shutterstock.com
Einbandgestaltung: Harald Braun, Helmstedt
Gedruckt auf säurefreiem und alterungsbeständigem Papier
Printed in Germany

Besuchen Sie uns im Internet: www.wbg-wissenverbindet.de

ISBN 978-3-8062-3928-7

Elektronisch sind folgende Ausgaben erhältlich:
eBook (PDF): ISBN 978-3-8062-3986-7
eBook (epub): ISBN 978-3-8062-3987-4

Inhaltsverzeichnis

Einleitung

Ein deutscher Mythos

Ich war ein Autoraser – und zwar mit Leidenschaft. Mein Wagen war ein *BMW M3*, weiß mit schwarzem Karbondach, Doppelauspuffsystem, 420 PS, 0 auf 100 km/h in 4,8 Sekunden, Höchstgeschwindigkeit 250 km/h, und da ging noch mehr. Ich liebte den Rausch der Geschwindigkeit, den Adrenalinkick beim Beschleunigen, das Gefühl von Macht und Dominanz. Selten fühlte ich mich so lebendig wie auf der Autobahn, mit durchgedrücktem Gaspedal, wenn der übrige Verkehr scheinbar zum Stehen kam, während ich an ihm vorbeidonnerte wie mit einem Kampfjet. Mit blinkender Lichthupe signalisierte ich schon aus der Ferne, dass ich der Schnellere, der Stärkere war. Ich fluchte über die untermotorisierten Schleicher, die Langsamfahrer, die mich zum Bremsen nötigten. Lässig bedankte ich mich per Handzeichen, wenn jemand freiwillig die linke Spur verließ.

Selten kam es vor, dass einer noch schneller war als ich. Einmal fuhr mir ein Sportwagen derart dicht auf, dass ich im Rückspiegel dem Fahrer unmittelbar ins Gesicht sehen konnte. Ich sah einen Mann um die 45, den Blick starr nach vorn gerichtet, verkniffenes Gesicht, leicht höhnisches Grinsen. Einen Augenblick lang dachte ich, er wolle mich einfach umbringen. Mit der Hand bedeutete ich ihm, er solle Abstand halten, doch er kam immer näher, bis ich irgendwann auswich. Als der andere an mir vorbeischoss, wurde mir plötzlich klar: Der Mann, den ich da im Rückspiegel gesehen hatte – das war ich selbst. Einer dieser Irren, fast immer Männer, die auf Deutschlands Straßen Angst und Schrecken verbreiten, weil sie es können – und weil sie es dürfen. In kaum einem Land gibt es mehr PS-starke Autos als in Deutschland, und in keinem anderen gibt es Autobahnen ohne durchgehendes Tempolimit.

Irgendwann gab ich mein Auto zurück, einen Dienstwagen übrigens, wenn auch nicht aus tieferer Einsicht, sondern weil ich es musste. Seither habe ich kein Auto mehr besessen, sondern fahre mit der Bahn; wenn ich einen Wagen brauche, dann miete ich ihn. Dieses Buch ist auch eine persönliche Auseinandersetzung mit meiner früheren Leidenschaft. Ich frage mich immer noch, was ich so toll daran fand, mit gemeingefährlichem Tempo über die Autobahn zu jagen. Und ich denke immer noch darüber nach, warum ich es so genoss, wenn jugendliche Autofans den Daumen hochreckten oder fragten, ob sie meinen Wagen anfassen dürften. An einer Tankstelle legte sich einer sogar vor mein Auto, um die Frontschürze zu fotografieren. Aus heutiger Sicht ist mir das peinlich, auch wenn ich die Anekdoten, mit selbstironischem Augenzwinkern, ganz gern erzähle. Es ist mir peinlich, aber es hilft mir auch zu verstehen, was das Autofahren für Menschen bedeuten kann, erst recht für die Deutschen.

Als gebürtiger Österreicher, der seit Jahren in Deutschland lebt, empfand ich die deutschen Autobahnen immer als ein Reich der Freiheit. Wenn ich wieder einmal in Österreich fahren musste, wo ein Tempolimit von 130 km/h gilt, fühlte ich mich eingeschränkt – und war heilfroh, wenn ich bei der Rückfahrt nach der Grenze sofort wieder aufs Gas steigen konnte. Als ich noch in Österreich lebte, reichte mir ein gebrauchter Japaner mit 90 PS. Meine damalige Freundin und ich nutzten den Wagen für Einkäufe und entspannte Wochenendfahrten. Mehr als 160 Sachen waren ohnehin nicht drin, da fing die Kiste schon zu wackeln an. An gewagte Überholmanöver war nicht zu denken; ich war schon froh, wenn ich auf der Landstraße schnell genug an einem Traktor vorbeikam. Es war wirklich kein gutes Auto. Wir fuhren den Wagen, solange es irgendwie ging. In Deutschland hätte ich mich für die Karre geschämt. Eine meiner ersten großen Anschaffungen nach dem Umzug nach Deutschland war ein BMW mit 286 PS. Ich kaufte den Wagen nicht, weil ich mehr Geld hatte, sondern weil ich ihn fahren wollte – und zwar richtig. Ich hatte Herzklopfen, als ich das erste Mal das Gaspedal durchdrückte. Und ich war berauscht, als der Tacho 240 zeigte – ja, es bereitete mir ein Glücksgefühl. Aber es ging mir nicht allein um den „Fahrspaß", von dem die Automobilindustrie so gern redet. Beim Fahren hatte ich öfter das Gefühl, dass ich ein anderer war – und doch zugleich ich selbst. Heute sehe ich das als Hinweis auf ein philosophisches Problem, das mit dem Fahren zusammenhängt, und besonders, wie ich meine, mit dem deutschen Fahren – davon handelt dieses Buch.

Ich bin auch heute kein Autohasser, keiner von diesen Bekehrten, die alle anderen missionieren wollen, weil sie von ihrem Laster noch immer nicht loskommen. Und ich bin auch kein Ökofreak, obwohl es mehr als genug Gründe gäbe, den Verbrennungsmotor sofort zu verbieten. Ich habe überhaupt keine ausgeprägte moralische Haltung zum Automobil. Weder verachte ich die Leute dafür, dass sie Auto fahren, noch halte ich Radfahrer für bessere Menschen. Bei manchen frage ich mich allenfalls, wozu sie ein zweieinhalb Tonnen schweres SUV mit 500 PS brauchen, um damit ihre Kinder in die Schule zu kutschieren. Dieses Buch ist daher keine Polemik gegen das Auto, erst recht nicht gegen die Autofahrer. Es ist auch keine Abrechnung mit der Automobilindustrie. Weder liefert es neue Fakten zum Dieselskandal, noch Visionen für die Mobilität der Zukunft. Ich plädiere auch nicht dafür, das Autofahren sein zu lassen, obwohl ich die Deutsche Bahn, aller berechtigten Kritik zum Trotz, schätzen gelernt habe. Es geht mir um die Bedeutung des Autos für unser Leben, für unsere Identität. Das Auto hat, so glaube ich, in einem tiefen Sinne mit unserem deutschen Selbstverständnis zu tun. Die

Deutschen haben das Auto erfunden, sie bauen immer noch die besten Autos – und sie fahren auch besonders gern. Kein Klischee über den angeblichen deutschen Nationalcharakter kommt ohne die Liebe der Deutschen zum Auto aus. Die deutschen Autofahrer, das sind nicht nur die Raser auf der Autobahn, sondern auch die Biedermänner, die sich einen Wunderbaum ins Fahrzeug hängen. Deutschland ist nicht nur das Land der Dichter und Denker. Es ist auch das Land der Lenker. Das deutsche Automobil – das sind wir selbst. Eben deshalb regt das Thema die Deutschen auf wie kaum ein anderes, den Fußball vielleicht ausgenommen. Wer das Auto angreift, der greift auch die Deutschen an.

Die deutsche Autodebatte hat nicht nur eine wirtschaftliche, politische und ökologische Dimension. Es geht auch um einen nationalen Mythos, eine nahezu totale Autokultur, die dieses Land bis in den letzten Winkel durchdringt. Es geht um die Art, wie wir das Auto sehen.

Es ist der Blick des Fahrers, seine Sicht der Welt. Ich nenne es die „Fahrerperspektive". Der Blick des Autofahrers ist primär nach vorne auf die Straße gerichtet. Wer ein Fahrzeug lenkt, muss auf den Verkehr achten, auf Ampeln und Schilder, auf andere Autofahrer. Was immer ihm beim Fahren begegnet, das nimmt er als potenzielles Hindernis wahr. Da ist der Rechtsüberholer, der Radfahrer, der Fußgänger, das Schlagloch – alles eine mögliche Bedrohung, auf die er reagieren muss. Die Perspektive des Fahrers ist eine verengte Perspektive, sein Blick ein Tunnelblick, der aufs Fahren selbst fixiert ist, aufs möglichst zügige und unbehinderte Vorankommen.

Die Fahrerperspektive – das ist der Blick durch die Frontscheibe, die Perspektive des automobilen Subjekts. Das ist nicht nur der Blick des deutschen Autofahrers. Es ist auch die Sichtweise der Automobilindustrie. Das deutsche Auto ist „um den Fahrer herum"[1] organisiert, wie der Autoexperte Ferdinand Dudenhoeffer sagt. Es geht um seinen „Fahrspaß", seine Begeisterung, seine „Gänsehaut". Wir leben in einer Welt, die auf die Fahrerperspektive zugeschnitten ist. Eben deshalb fällt es uns auch so schwer, uns vom Auto zu trennen. Die Fahrerperspektive, das ist nicht nur ein bestimmter Blick. Es ist eine Lebensform, eine bestimmte Art, die Dinge zu sehen und zu tun. Es ist nicht nur das Auto selbst, sondern die automobile Lebensform, die in Widersprüche geraten ist.

Einerseits wissen alle, dass es nicht weitergehen kann wie bisher. Es gibt einfach viel zu viele Autos. Mehr als jeder zweite Deutsche besitzt ein eigenes Fahrzeug; insgesamt sind es 43 Millionen in privaten Haushalten. Der Anteil des Autos am Verkehrsaufkommen liegt immer noch bei knapp 60 Prozent. Die Städte ersticken im Verkehr und in Abgasen, es gibt zu wenig Parkplätze, zu viel Lärm, zu viele Staus. Die andere Seite ist, dass es natürlich so weitergeht. Dass wir vom Auto ökonomisch, emotional und oft auch existenziell abhängig sind. Vor allem auf dem Land brauchen die Menschen ihr Auto, um zur Arbeit zu kommen. Viele können sich gar nicht vorstellen, ohne Auto zu sein. Abhängig sind wir auch von der Automobilindustrie, dem wichtigsten Industriezweig des Landes mit mehr als 800 000 Beschäftigten, der trotz Dieselkrise wirtschaftlich erfolgreicher ist denn je. Von einem Ende des Verbrennungsmotors, so meint eine Studie des Münchner „Instituts für Wirtschaftsforschung", wären 600 000 Industriearbeitsplätze betroffen, das sind zehn Prozent der Industriebeschäftigung.[2] Auch deshalb warnen manche vor einer autofeindlichen Stimmung im Land.

Die Widersprüche des Autolands Deutschland könnten neue politische und gesellschaftliche Konflikte entfachen. Wegen des Dieselskandals drohen in zahlreichen Städten Fahrverbote, vor allem die Berufspendler reagieren mit Wut. Widerstand gibt es auch gegen Forderungen nach Tempolimits und anderen Maßnahmen, um die Verkehrswende voranzutreiben. Manche fürchten eine deutsche „Gelbwesten"-Bewegung wie in Frankreich, wo

Tausende gewaltsam gegen das politische Establishment protestierten, unter anderem wegen zu hoher Spritpreise. Der *Spiegel* schreibt gar von einem „Kulturkampf ums Auto", der das Land weiter spalten könnte:

> „Junge, umweltbewusste Städter, die wegen des Verkehrskollapses längst aufs Fahrrad umgestiegen sind, stehen gegen Millionen Pendler, Industriebeschäftigte und Kleinunternehmer, deren berufliche Existenz am Auto hängt. Die einen fürchten um den Ruf der Bundesrepublik als Klimavorreiter, die anderen um die Wettbewerbsfähigkeit von Daimler, BMW & Co."[3]

Der Dieselskandal ist nur das Symptom eines tiefgreifenden Wandels, der die Autonation Deutschland im Innersten trifft. In der Autodebatte verdichtet sich heute, wie im Zylinder eines Verbrennungsmotors, ein Gemisch aus zentralen Fragen unserer Zeit – Globalisierung, Klimawandel, Digitalisierung. Es geht nicht nur um Abgaswerte, betrügerische Manipulationen und Kartellverdacht, sondern um die größte technologische Umwälzung seit der Erfindung des Automobils. Die Tage des Verbrennungsmotors sind womöglich gezählt, Elektroauto und autonomes Fahren könnten das Auto und die Mobilität überhaupt neu definieren.

Der Wandel trifft Deutschlands erfolgsgewohnte Autoindustrie mit voller Wucht. Jahrzehntelang hat man ausschließlich auf den Verbrennungsmotor gesetzt. Der kraftvolle und sparsame Dieselantrieb galt als fortschrittlich und klimaschonend, obwohl man schon lange hätte wissen können, dass die Technologie trotz hoher Investitionen keine Zukunft hat. Der Abgasskandal wiegt auch deshalb so schwer, weil der Diesel stets der ganze Stolz der deutschen Ingenieure war. Viel zu spät haben die deutschen Hersteller begonnen, auf alternative Antriebe umzusteigen, auf neue Formen einer digital vernetzten Mobilität. Das Dilemma der Autoindustrie ist, dass sie ein Geschäftsmodell aufgeben muss, mit dem sie bis heute gute Geschäfte macht.

Die Autofrage lässt sich aus unterschiedlichen Perspektiven betrachten. Einfache Antworten gibt es nicht. In vielerlei Hinsicht ist Autofahren gegen jede Vernunft. Es wäre vielleicht besser, wenn alle darauf verzichten würden. Die Argumente dafür sind seit vielen Jahren bekannt. Es ist gegen jede Vernunft, dass Menschen derart viel Geld für Autos ausgeben, mit denen sie dann doch wieder stundenlang im Stau stehen oder verzweifelt nach einer Parklücke suchen. Es bräuchte nur Visionen, die richtigen Technologien und Infrastrukturen – und natürlich den politischen Willen zur radikalen Verkehrswende. Natürlich kann man die Menschen immer wieder dazu auffordern, das Autofahren bleiben zu lassen. Man kann darauf hoffen, dass das Auto die Jungen weiterhin so kalt lässt – wenigstens in den großen Städten –, wie Studien das nahelegen. Das kann und sollte man tun.

Zugleich aber muss man sehen, dass sich das „Virus Auto", wie es der österreichische Verkehrsplaner Hermann Knoflacher[4] einmal bezeichnete, immer weiter verbreitet. Die Jungen mögen weniger fahren als bisher, die Älteren und Alten tun es dafür umso mehr. Gottlieb Daimler war einst noch davon ausgegangen, dass „die weltweite Nachfrage nach Kraftfahrzeugen eine Million nicht überschreiten wird – allein schon aus Mangel an verfügbaren Chauffeuren."[5] Heute sind es eine Milliarde weltweit, und auch in Deutschland ist die Zahl der zugelassenen Autos in den letzten Jahren immer noch weiter angestiegen, so wie übrigens auch die Umsätze der Automobilindustrie. Und was die Vernunft betrifft, muss man feststellen, dass die Autos der Deutschen immer dicker, größer und schwerer, also unvernünftiger werden. So hat sich der Anteil von SUVs, Geländewagen und Vans innerhalb des Fahrzeugbestandes in den letzten zehn Jahren von etwa 10 auf 20 Prozent verdoppelt, in den letzten 20 Jahren gar mehr als verzehnfacht.[6]

Paradox genug: Je mehr Gründe gegen ein eigenes Auto sprechen, desto größer der Wunsch bei den Deutschen, sich eines zuzulegen. Angesichts dieser Tatsache kann man sich ernüchtert fragen, ob der Kampf gegen das Auto, wenn man ihn denn führen will, nicht aussichtlos ist – oder aber zu schweren politischen und gesellschaftlichen Konflikten führt, die heute niemand riskieren will. Man kann also kapitulieren und einfach zur Kenntnis nehmen, dass das Autofahren für die Deutschen offenbar eine höchst emotionale, irrationale Angelegenheit ist, ähnlich wie der deutsche Fußball, dessen Popularität es vermutlich auch nichts anhaben könnte, wenn die halbe Nationalmannschaft des Steuerbetrugs überführt würde.

Man kann sich aber auch die Frage stellen, ob wir überhaupt den Kern des Problems verstanden haben, für das wir heute so verzweifelt eine Lösung suchen – eben die Fahrerperspektive, aus der wir das Auto betrachten. Dieses Buch ist ein Versuch, einen neuen Blick auf das Automobil zu gewinnen. Es ist weder ein technischer, noch ein wirtschaftlicher oder ökologischer Blick. Es ist ein Versuch, das deutsche Automobil philosophisch zu verstehen.

Stellen wir die Grundfrage: Was ist ein Auto überhaupt? Auf den ersten Blick scheint das sonnenklar zu sein. Ein „Auto", das ist „ein von einem Motor angetriebenes Fahrzeug, das zur Beförderung von Personen oder Gütern dient", so definiert es der *Duden*. Aber das sagt noch nicht viel darüber aus, was eigentlich passiert, wenn wir fahren. Wir steigen in ein Blechgehäuse, drehen einen Schlüssel um oder drücken einen Knopf, irgendetwas fängt zu brummen an, wir drücken ein Pedal – und das Ding setzt sich in Bewegung, wir fahren los. Aus technischer Sicht kann man den gleichen Vorgang ganz anders beschreiben. In einem Metallzylinder entzündet sich ein Gemisch aus Kraftstoff und Luft, durch die Expansion der Verbrennungsgase entsteht ein Druck, der einen Kolben in Bewegung setzt; die chemische Energie wird in Bewegungsenergie umgewandelt, die wiederum schließlich an die Antriebsachse weitergeleitet wird – die Räder setzen sich in Bewegung. Auto-Mobilität, das ist Selbstbewegung (griechisch: autos = selbst, lateinisch: mobilis = beweglich). Per Tritt aufs Gaspedal verwandelt sich der Wille des Fahrers in schiere Kraft, in Bewegung.

Als ich dieses Buch zu schreiben begann, fand ich es bemerkenswert, dass sich kaum ein deutscher Philosoph näher mit dem Automobil beschäftigt hat – dabei gibt es kaum einen Gegenstand, der die industrielle Moderne in vergleichbarer Weise symbolisiert. Dieses fast vollständige Desinteresse, etwa auch der Kulturkritiker der „Frankfurter Schule", mag damit zusammenhängen, dass man das Auto immer nur als Fortbewegungsmittel gesehen hat, als Manifestation der instrumentellen Vernunft, eines Zweck-Mittel-Denkens, das unsere Freiheit und am Ende unser Menschsein unterminiert. Dabei hat man meiner Ansicht nach übersehen, dass sich gerade im Auto ein bestimmtes Ideal von Freiheit manifestiert – und dass eben darin der Kern des Problems liegen könnte, das wir mit dem deutschen Auto heute haben.

Meine These in diesem Buch ist so einfach wie radikal. Für die Deutschen ist das Auto nicht einfach nur ein Fortbewegungsmittel. Es ist der deutsche Traum von Freiheit, von Selbstbewegung, von einer Bewegung um ihrer selbst willen, die sich in der Freude am Fahren manifestiert. Die Krise des deutschen Autos ist, so glaube ich, die Krise dieser Selbstbewegung. Es ist die Krise des auto-mobilen Subjekts, jenes merkwürdigen Hybridwesens aus Mensch und Technik, das in Deutschland seine am höchsten entwickelte Gestalt angenommen hat. Es ist die Krise der deutschen Fahrerperspektive, einer deutschen Sicht auf die Welt. Nichts verdeutlicht diese Fahrerperspektive besser als die entfesselte Subjektivität des deutschen Autorasers. Der englische Fußballer Gary Lineker sagte einmal, Fußball sei das Spiel, bei dem 22 Männer 90 Minuten lang einem Ball hinterherjagen, und bei dem am Ende immer die Deutschen gewinnen. Das Autofahren ließe sich analog als jene Tätigkeit definieren, bei der Männer mit

Bleifuß aufs Gaspedal steigen – und am Ende immer die Deutschen die Schnellsten sind.

Das Auto ist noch immer das Kultobjekt der Deutschen, ihr Fetisch, ihre Religion. Für keinen anderen Gegenstand geben wir derart viel Geld aus, keinem anderen schenken wir so viel Liebe und Aufmerksamkeit, kaum einen anderen beten wir derart an wie das Automobil. Gewiss gibt es Autonarren auch anderswo. Doch nirgends, nicht einmal in den USA, ist das Automobil derart verwoben mit der nationalen Identität. Das Auto steckt tief in unseren Köpfen, es prägt unser Leben. Es ist uns nur nicht immer bewusst. Tagtäglich haben wir Autos vor der Nase. Ständig stehen wir im Stau. Und doch sehen wir gleichsam „das Auto" nicht mehr – diesen seltsamen Gegenstand auf Rädern, für den wir derart viel Geld ausgeben, der unseren Alltag so stark bestimmt. Als Autofahrer sehen wir das Auto deshalb nicht mehr, weil wir selbst in unserer Fahrerperspektive gefangen sind, weil wir die Welt gleichsam durch die Frontscheibe betrachten – es ist so ähnlich wie wenn jemand die Brille vergisst, die auf seiner Nase sitzt. Wir sehen uns nicht selbst am Steuer sitzen, das heißt: Wir stecken gleichsam zu tief drin in der Autowelt.

Jeder Autofahrer weiß, dass man beim stundenlangen Fahren kaum etwas von der Außenwelt wahrnimmt. Wir nehmen nicht einmal das Autofahren selbst richtig wahr. Nach einer längeren Fahrt ist es oft fast unmöglich zu rekapitulieren, was man während der Fahrt gesehen hat, jedenfalls solange es keine unerwarteten Ereignisse gab. Man fährt einfach vor sich hin, man schaltet und lenkt und blinkt, man überholt und ordnet sich wieder ein, ohne darüber nachzudenken. Ähnlich gedankenlos wie das Fahren selbst ist auch unsere Haltung zum Automobil, das unseren Alltag, unsere Gesellschaft so sehr durchdringt, dass wir es gar nicht mehr bemerken.

Die deutsche Automobilität ist eine Gewohnheit, wir haben sie auto-matisiert, wie einen Schaltvorgang. Ein Deutschland ohne Auto ist möglich, wir können es denken. Aber wir können es uns nicht vorstellen, weil wir selbst hinterm Lenkrad sitzen. Um einen neuen Blick zu gewinnen, müssen wir eine andere Perspektive einnehmen. Wir müssen also raus aus dem Auto, um es gleichsam von außen zu betrachten.

Das Auto ist nicht einfach nur ein technisches Artefakt, das aus Fahrwerk und Karosserie besteht. Was es für uns ist, lässt sich nicht aus den technischen Daten ablesen. Das Auto hat eine bestimmte Bedeutung für die Deutschen, die es für Fahrer in anderen Ländern nicht hat, selbst wenn sie die gleichen deutschen Autos fahren.

Das deutsche Automobil ist ein Mythos – eine Geschichte, die sich die Deutschen immer wieder selbst erzählen. Es ist eine deutsche Geschichte, die davon handelt, woher wir kommen, wer und wie wir sind. Gern erzählen wir sie uns als eine heroische Geschichte, als eine Art motorisierte Heldenreise mit 500 PS unter der Haube, natürlich auf der deutschen Autobahn. Der deutsche Automobilmythos – das ist der Volkswagen *Käfer*, das ist deutscher Erfindergeist, das ist deutsche Tüchtigkeit, das ist „Made in Germany", das sind das Wirtschaftswunder und der Exportweltmeister, das sind Motorsport-Legenden wie Walter Röhrl und Michael Schumacher, die viele Deutsche für die besten Autofahrer aller Zeiten halten, so sie es nicht selbst sind.

Der deutsche Automythos lebt aber nicht nur von seinem heroischen Narrativ. Er erzählt auch eine romantische Liebesgeschichte der Deutschen zu ihrem Kultobjekt. Während in Paris fast jedes Auto irgendwo verbeult oder zerkratzt ist, legen die Deutschen großen Wert darauf, Schäden umgehend zu reparieren – und sie am besten überhaupt zu vermeiden. Es ist nicht nur ein Klischee, dass die Deutschen besonders sorgsam mit ihren Autos umgehen. Es lässt sich anhand von Zahlen belegen: Laut Umfragen sagen 69 Prozent der Deutschen, und sogar 74 Prozent der Frauen, dass sie ihr Auto tatsächlich lieben. 35 Prozent fahren mehr als viermal im Jahr in die Waschanlage, noch immer 23 Prozent waschen ihr Auto selbst. Bezeichnend ist vielleicht auch, dass 62 Prozent der Deutschen nur ungern jemand anderen mit dem eigenen Auto fahren lassen.[7]

Ein Mythos sei eine „Botschaft", eine „Weise des Bedeutens"[8], schrieb der französische Philosoph und Semiologe Roland Barthes. Auf den Wahrheitsgehalt allein kommt es dabei nicht an. Ein Mythos wird nicht um seiner selbst willen erzählt. Es geht vielmehr darum, welche Bedeutung er für uns hat, welche Rolle er für uns spielt – für unser Denken und unsere Gefühle, für unser Verständnis dessen, wer wir sind. Der deutsche Automobil-Mythos hat eine identitätsstiftende Funktion. Er ist die deutsche Erfolgsgeschichte, die wir uns seit Jahrzehnten unablässig erzählen – die Geschichte von deutscher Qualität, von Fleiß und Tüchtigkeit, vom Wiederaufstieg der Deutschen nach dem Krieg. Kein anderes Produkt hat so sehr dazu beigetragen, das Image der Deutschen zu verbessern. Auf den Straßen der Welt rollen heute keine deutschen Panzer, sondern deutsche Autos. Der deutsche Automythos, das ist das heroische Narrativ vom Deutschen, der es dank überlegener Technik geschafft hat, auf friedlichem Wege wieder an Größe zu gewinnen. Zum deutschen Automythos gehört es, die dunklen Seiten dieser Geschichte auszublenden, vor allem die Rolle der Nazis als Wegbereiter des Nachkriegsbooms. Der deutsche Automythos, der uns so viel bedeutet, hat auch eine verklärende Funktion. Er beruht selbst schon auf der Fahrerperspektive, auf einer Art von Tunnelblick. Wenn wir das deutsche Automobil verstehen wollen, dann müssen wir diesen Mythos entzaubern, die deutsche „Erfolgsgeschichte" mit neuen Augen sehen.

Der deutsche Automythos beginnt bei der Technik, beim deutschen Ingenieur, der bis heute den Wiederaufstieg des Landes, ja die nationale Identität symbolisiert. Es war immer die deutsche Technik, die der Autoindustrie den Vorsprung verschaffte, wodurch sie den Weltmarkt erobern konnte. Zu Deutschland gehören nicht nur die Klänge einer Bach-Kantate oder Beethoven-Symphonie, meint der britische Kunsthistoriker Neil MacGregor, sondern auch das „Schlagen auf Metall, das Brummen und Surren, die Musik von Maschinenbau und Präzisionstechnik"; einer dieser metallischen „Klänge Deutschlands", das ist für MacGregor der verlässliche Motor des *VW-Käfers*.[9] Bis heute wird das deutsche Auto gekauft, weil es für technische Perfektion steht, für unschlagbare Qualität. Man muss kein Autofreak sein, um seine schiere Perfektion zu bewundern. Wer nur ein wenig Sinn für Technik hat, der kann selbst in einem simplen Auspuffkrümmer, und erst recht in einem V8-Motorblock, eine Höchstleistung der Ingenieurskunst sehen. Doch die Technik ist nicht einfach neutral. Sie spiegelt auch die Werte der jeweiligen Kultur; in ihr steckt etwas von der Geschichte des Landes, aus dem sie kommt.

Die Geschichte des deutschen Automobils lässt sich auf zwei Arten betrachten. Nach der einen Lesart ist es die Erfolgsgeschichte brillanter Ingenieure, eine Geschichte von deutschem Qualitätsehrgeiz und Willen zur Perfektion, nach der anderen eine Geschichte von realitätsfremden Tüftlern ohne Sinn fürs Geschäft, von opportunistischen Konstrukteuren, die sich einem Unrechtsregime anbiederten, um ihre technischen Visionen zu realisieren – eine Geschichte von Versäumnissen und verpassten Chancen. Beide Geschichten sind wahr, und vielleicht ist das „Deutsche" am deutschen Hang zum Automobil, dass man beide Lesarten braucht, um ihn zu verstehen.

Kapitel 1

Tüftler und Heroen

Das Automobil war eine deutsche Kopfgeburt. Es existierte zuerst auf Konstruktionszeichnungen, in der Gedankenwelt seiner Erfinder. Es war ein Erdachtes, eine Idee – ein Ideal, das seine Wirklichkeit lange nicht fand.

Carl Benz (1844 – 1929) und Gottlieb Daimler (1834 – 1900), die beiden Pioniere, waren begnadete Techniker und Tüftler. Beide kamen aus der deutschen Tradition des Maschinenbaus. Ihr Leben lang suchten sie die beste technische Lösung, die perfekte Konstruktion. Weniger verstanden sie von Unternehmensführung, von Kundenwünschen und Marktpotenzialen. Was sie wirklich antrieb, das war nicht der wirtschaftliche Erfolg, sondern eine grandiose technische Idee: das selbstlaufende Fahrzeug, genannt Automobil.

Das Automobil wurde in einem Land erfunden, in dem man es eigentlich gar nicht brauchte. In Deutschland musste man keine gigantischen Distanzen durch die Wildnis überbrücken wie in den USA. Die Attraktivität des frühen Automobils verdankte sich vor allem dem Kontrast zu zwei anderen Verkehrsmitteln, die längst die Mobilität der Deutschen prägten. Als Carl Benz 1886 den Motorwagen patentieren ließ, gab es bereits ein gut ausgebautes Eisenbahnnetz für die großen Distanzen, und das Fahrrad für den Nahbereich. Zur Zeit der Erfindung des Automobils standen also bereits zwei „demokratische" Verkehrsmittel zur Verfügung, die es jedermann ermöglichten, sich im Land zu bewegen. Beide hatten jedoch ihre Nachteile. Der Bahnfahrer war gebunden ans Schienennetz und abhängig von Fahrplänen, der Radfahrer musste selbst in die Pedale treten.

Das Autofahren dagegen war zunächst das exklusive Sportvergnügen wohlhabender Enthusiasten, für die das Auto die Vorzüge der Kutsche mit der Schnelligkeit der Eisenbahn verband. Wer ein eigenes Auto hatte, der musste nicht länger zusammen mit dem gemeinen Volk in überfüllten Zügen sitzen, um sich wie Frachtgut transportieren zu lassen. Das Automobil versprach, die alte Freiheit und Souveränität des Reisens wiederherzustellen. Der Fahrer konnte den Reiseverlauf nach Belieben selbst bestimmen, er musste keine Fahrpläne studieren oder sich mit Schaffnern auseinandersetzen, die ihn nach der Fahrkarte fragten.

„Eine wollüstige Perspektive [...] Wir werden nie von der Angst geplagt werden, daß wir einen Zug versäumen könnten. Wir werden nie nach dem Packträger schreien, nie nachzählen müssen, eins, zwei, drei, vier – hat er alles? Herrgott, die Hutschachtel; sind auch die Schirme da? Wir werden nie Gefahr laufen, mit unausstehlichen Menschen in ein Coupé gesperrt zu werden."[1]

Es war das Ideal der Selbstbewegung, für das die Pioniere wie Daimler und Benz brannten. Das Automobil ersetzte nicht nur die menschliche Kraft durch die Maschine, es befreite auch von der Starrheit des Schienenstrangs. Die Fahrerperspektive – das war nicht mehr der Blick des Bahnpassagiers aus dem Fenster. Es war der Blick eines aktiven Subjekts, das mit einem Tritt aufs Gaspedal gewaltige Kräfte mobilisierte. Autofahren bedeutete Freiheit. Man wurde nicht mehr gefahren, wie im Zug oder in der Kutsche – man fuhr selbst. Das Automobil erlaubte es nicht nur, schnell von einem Ort zum andern zu kommen. Das eigentlich Moderne am Automobil war die Selbst-Bewegung, die Selbst-Bestimmung, die es versprach. Die Autopioniere hatten keine Vision vom Verkehr der Zukunft. Aber sie hatten die fixe Idee eines motorisierten „Kraftwagens", der sich frei und mit selbstgewählter Geschwindigkeit bewegen konnte. Es war die Idee der Beherrschung von Raum und Zeit, die Idee eines „freien, richtungsbestimmenden Könnens"[2], wie Carl Benz in seinen Erinnerungen schrieb.

Der entscheidende Durchbruch der Automobilentwicklung war nicht, wie viele bis heute denken, der Verbrennungsmotor. Tatsächlich wirkten mehrere technische Entwicklungen zusammen. Es ist eine der großen Ironien der Technikentwicklung, dass die Erfindung des Automobils zu wesentlichen Teilen auf dem Fahrrad basierte, auf dem „Veloziped", wie man es nannte, das schon seit den 1870er Jahren als Hochtechnologie galt. Nicht nur die Dampfwagen griffen auf die Fahrradtechnik zurück, sondern auch die ersten Benzinautos. Der Benz-Motorwagen von 1886 war schlicht ein motorisiertes dreirädriges Veloziped, der Wagen von Paul Daimler und Wilhelm Maybach im Wesentlichen eine motorisierte Kutsche. Die bahnbrechende Leistung der deutschen Automobil-Pioniere bestand dabei weniger in den zahllosen Einzelerfindungen von kleinen, schnelllaufenden Motoren über Vergaser und Zündung bis zum Differenzialantrieb als in deren Verbindung zu einem Gesamtkonzept – einem selbstlaufenden Gefährt, das wirklich fuhr.

Das erste Automobil war keine weltumstürzende Sensation, kein Weltwunder wie die Eisenbahn oder der Heißluftballon. Verglichen mit der feierlichen Eröffnung der ersten Bahnstrecke verlief die Einführung des Autos eher unspektakulär. Als der erste Benz-Motorwagen durch München rollte, reagierten die Menschen zwar verblüfft, aber nicht geschockt. Natürlich war es bemerkenswert, dass der Wagen aus eigener Kraft fuhr. Aber ein tuckerndes Dreirad auf der Straße – das war nichts, was einem den Atem nahm, außer vielleicht durch den Gestank. Viele fragten sich ohnehin, wer eine solche „Spielerei" brauchte, ei-

Abb. 1: Bertha und Carl Benz bei einer Ausfahrt im Benz-Patent-Motorwagen: Erfinder mit Startschwierigkeiten.

nen „Wagen ohne Pferde", wo es doch genügend Kutschen gab. Die Frühgeschichte des Automobils erzählt von der mühseligen Durchsetzung einer Innovation, deren Sinn keineswegs so offensichtlich war, wie es aus heutiger Sicht scheint.

Die Frühzeit des Autos ist reich an Anekdoten über die Bewunderung, aber auch über die Ablehnung und den Spott, die dem Automobil entgegenschlugen. Zu den großen Legenden gehört die Autofahrt von Mannheim nach Pforzheim, die Bertha Benz im Sommer 1888 mit ihren beiden Söhnen Richard und Eugen unternahm, angeblich hinter dem Rücken ihres Mannes – die erste Fernfahrt der Automobilgeschichte. Wie es heißt, musste die Benz-Familie unterwegs immer wieder mal schieben, Bertha Benz für eine Reparatur sogar ein Strumpfband opfern, und als einmal der Sprit ausging, soll ein Apotheker mit Kraftstoff ausgeholfen haben. Die Ausfahrt war wohl, wenn die Geschichte überhaupt so stimmt, ein tolles Familienerlebnis. Doch die Käufer für das neue Gefährt blieben zunächst aus. Bezeichnenderweise war der erste Kunde ein offenbar psychisch kranker Mann, der seinen Wagen nach dem Kauf wieder zurückgab. Beinahe wäre das Automobil in Deutschland ein Flopp geworden. Viel größer war das Interesse in Frankreich, wo man das Marktpotenzial der Erfindung von Anfang an begriff. Die französischen Hersteller entwickelten die deutschen Prototypen weiter; auf Basis der deutschen Erfindung, so stellte es Benz später dar, stürzten sie sich „auf den deutschen Gedanken wie die Bienen auf aufblühende Blumen, holten den Nektar heraus, machten Honig daraus und verkauften ihn an die ganze Welt, nicht zuletzt auch an Deutschland."[3] Dagegen ärgerte sich Benz über die mangelnde Akzeptanz in Deutschland, die „abwägende Geringschätzung" und „kühle Verneinung", die ihm entgegenschlug:

„Der Mann mit der rückständigen Zipfelmütze über den Ohren ignorierte von jeher gerne, was deutsch und deutschen Ursprungs ist – selbst wenn es dem Volk zum größten Schaden wurde. Wie schwärmerisch streckte er dagegen die Hände aus nach allem, was von außen kam, vor allem aus Paris."[4]

Aus der Sicht von Benz fehlte den Deutschen die Aufgeschlossenheit für die Innovation:

„Selbst die deutsche Fachwelt erkannte – zum Unterschied von der französischen – lange Zeit nicht das fundamental Bedeutsame, Umgestaltende meiner Erfindung für das Verkehrs- und Wirtschaftsleben."[5]

So hieß es zum Beispiel im Herder'schen *Jahrbuch der Naturwissenschaften*, wie Benz mit Ingrimm erwähnt:

„Diese Anwendung der Benzinmaschine dürfte ebenso wenig zukunftsreich sein wie die des Dampfes auf die Fortbewegung von Straßenfuhrwerken."[6]

Aber es war wohl nicht nur die Skepsis der Deutschen gegenüber dem Neuen und auch nur teilweise die „schwerfällige Zurückhaltung des deutschen Großkapitals", wie Benz meinte, die den Durchbruch des Autos in Deutschland zunächst verhinderten. Die Franzosen waren einfach professioneller darin, das Automobil zu kommerzialisieren. Die deutschen Erfinder verstanden zwar die Technik, aber nicht die Kundenbedürfnisse, wie der Automobilhistoriker Kurt Möser meint, für sie war ihre Erfindung lediglich „eine konstruktive Weiterentwicklung des technischen Standes."[7] Benz, Daimler und andere dachten, das Auto würde sich mehr oder minder von selbst durchsetzen, einfach, weil es technisch so gut war. In den Erinnerungen von Carl Benz geht es um technische Konstruktionen, aber nicht darum, was potenzielle Kunden wollen könnten. Die französischen Hersteller hingegen orientierten sich an den Wünschen und Fähigkeiten der Fahrer. Vor allem aber verstanden sie es, ihr Produkt zu vermarkten. Man machte Werbung für die Autos, richtete Schauräume ein und veranstaltete Ausstellungen für die breitere Öffentlichkeit. Internationale Autorennen rückten die französischen Erzeugnisse in den Blickpunkt der Weltöffentlichkeit. Bald überholte die französische Autoindustrie die deutsche, was Carl Benz zu der resignativen Feststellung veranlasste, dass Paris den Automobilmarkt mittlerweile so beherrsche wie die Kleidermode. Noch 1904 war Frankreich der weltgrößte Autoproduzent – und nicht das Land, in dem das Automobil einst erfunden worden war. Die Dominanz ging erst in den Jahren danach zu Ende, als die Konkurrenten anderer Länder begannen, das französische Erfolgsmodell zu kopieren. Die Frühzeit des Automobils ist nicht nur ein Lehrstück der Innovationsgeschichte. Sie lehrt auch etwas über den Idealismus der Deutschen, ihren Hang zum weltfremden Tüfteln, zur Perfektion als Selbstzweck. Die Deutschen haben das Automobil erfunden. Aber sie erfanden es an den Menschen und ihren Bedürfnissen vorbei.

Das zeigt auch die besonders tragische Geschichte von Rudolf Diesel (1858 – 1913), dem Erfinder des Dieselmotors, welchem die deutsche Automobilindustrie den größten Erfolg der letzten Jahrzehnte verdankt – und der untrennbar verbunden ist mit ihrem bislang größten Skandal. Der in Augsburg geborene Ingenieur Diesel kam eigentlich aus der Eisherstellung bei Linde, sein erstes Patent betraf ein Verfahren zur Herstellung von Klareis in Flaschen. 1892 meldete er ein Patent auf eine „Neue rationelle Wärmekraftmaschine" an mit dem Begriff „Arbeitsverfahren und Ausführungsart für Verbrennungskraftmaschinen". Das Patent beschrieb die Ausgangsidee einer neuartigen Kraftmaschine, die sich vom herkömmlichen Verbrennungsmotor in einem wesentlichen Punkt unterschied. Im Benzinmotor wird ein Treibstoff-Luftgemisch in den Zylinder gesaugt und entzündet. Im Dieselmotor hingegen wird nur Luft in den Zylinder gesaugt und stark verdichtet, was höhere Temperaturen ermöglicht. Erst dann wird der Treibstoff eingespritzt, wobei er sich spontan entzündet. Die hohen Drücke und Temperaturen galten anfangs als unbeherrschbar, doch wieder einmal fand ein deutscher Ingenieur die Lösung. Ab 1893 entwickelte Diesel den ersten Motor, der schließlich seinen Namen trug; fünf Jahre später gründete er die Dieselmotorenfabrik Augsburg. Als Unternehmer war Diesel allerdings wenig erfolgreich, zudem litt er offenbar unter psychischen Problemen. Nach jahrelangen Patentprozessen musste die Dieselmotorenfabrik Augsburg 1911 ihren Betrieb einstellen. Im September 1913 ging Diesel in Antwerpen an Bord eines Fährschiffs, um nach England überzusetzen, wo er sich in einem englischen Diesel-Unternehmen der Kritik von Aktionären stellen sollte. Nach dem Abendessen wurde er nicht mehr gesehen, später sah die Besatzung eines Lotsenbootes die Leiche eines Mannes im

Wasser treiben. Die Umstände von Diesels Tod konnten nie restlos geklärt werden.

Der Dieselmotor wurde zuerst für Schiffe eingesetzt, später auch für Lokomotiven und ab den 1920er Jahren für Lastkraftwagen. Die ersten beiden Serien-PKWs mit Dieselmotor, der *Mercedes-Benz 260 D* und der *Hanomag Rekord*, wurden 1936 auf der Internationalen Automobil- und Motorrad-Ausstellung präsentiert. Den späteren durchschlagenden Erfolg seines Motors, jedenfalls in Deutschland, konnte Rudolf Diesel vermutlich ebenso wenig vorausahnen wie den heutigen Dieselskandal.

Noch zur Jahrhundertwende war es keineswegs ausgemacht, dass sich der Verbrennungsmotor durchsetzen würde. Das Benzinauto konkurrierte nicht bloß mit Dampfwagen, sondern auch mit den ersten Elektrofahrzeugen. Gegen den Motorenlärm des Benzinautos stand die mühelose Eleganz des Dampfantriebs, der allerdings in den Augen vieler Techniker als hoffnungslos altmodisch galt. Auch die frühen Elektroautos waren angenehm und ruckelfrei zu fahren; sie machten weder Lärm noch Gestank und erreichten beachtliche Geschwindigkeiten. Noch 1895 gewann ein Elektroauto bei einem Rennen gegen Benziner; die 100-Stundenkilometer-Marke wurde erstmals von einem Elektroauto überboten. Allerdings zeigten sich schon damals die Probleme, die der Elektromobilität bis heute anhaften. Das Elektroauto hatte nur eine geringe Reichweite, und für die Stromversorgung benötigte es eine Infrastruktur.

Trotz allem waren Dampfwagen und Elektroautos eigentlich die kultivierteren Alternativen zum lauten, stinkenden Benziner. Doch die Käufer sahen es anders. Am Ende wollten sie nicht das elegante Dahingleiten, sondern das wilde Abenteuer, das der Benzinwagen versprach. Der lärmende Explosionsmotor, die hohen Geschwindigkeiten, die Pannenanfälligkeit: All das galt keineswegs als Nachteil, sondern als besonderer Reiz, der die Faszination des Autofahrens ausmachte.

Helden auf Rädern

Das frühe Autofahren war ein sportliches Abenteuer, eine Herausforderung für verwegene Kerle, die mit den schlechten Straßen ebenso zu kämpfen hatten wie mit den Tücken der Technik.
Überall drohten Gefahren. Mal versagte die Zündung, mal war
der Benzinzufluss verstopft, mal ging der Sprit aus. Als der Autopionier Theodor Freiherr von Liebieg 1894 von Reichenberg nach
Mannheim fuhr, musste er sein Auto nicht nur mehrmals reparieren; er rammte auch einen Baum, blieb im Straßengraben stecken
und fuhr einen Dackel tot.[8]

Heute steigen wir in ein Auto, drücken auf einen Knopf und
fahren einfach los. In der Frühzeit des Autos brauchten die Fahrer nicht nur technische Fähigkeiten, sondern auch Muskeln und
Mut. Bereits der Startvorgang war komplex. Erst musste man den
Benzinhahn am Tank öffnen, mit einer Pumpe im Fußraum den
Vergaser mit Benzin fluten, am Lenkrad mit dem Handgashe-
bel etwa Halbgas geben, schließlich den Motor mit der Hand-
kurbel anwerfen, wobei man aufpassen musste, dass die Kurbel
nicht zurückschlug und einem die Knochen brach. Nur wenige
Autobesitzer trauten sich überhaupt, selbst zu fahren; die meisten
brauchten Chauffeure, die das Auto nicht nur sicher beherrsch-
ten, sondern auch unterwegs reparieren konnten.

Das Auto stand für Freiheit und Unabhängigkeit, für Abenteuer und Glück. Wie das Pferd dem Cowboy die Unendlich-
keit der Prärie erschloss, so eroberte das Automobil dem „Herrenfahrer" die Landstraßen. Die frühen Automobilisten sahen sich
als Amateur-Rennfahrer und Gentlemen, ausgestattet mit ritterli-
chen Männlichkeitstugenden wie Kaltblütigkeit, Mut und Stolz.
Im so genannten Automobilgesicht las man „die tausend durch-
gemachten Gefahren, das knappe Vermeiden eines Unglücksfal-
les"; man war fasziniert von jenem Antlitz, das „mit der Zeit einen entschlossenen und energischen Zug" annahm:

„Die beständige, hochgradige Aufmerksamkeit während der Fahrt, die Bedienung der Maschine mit all ihren Apparaten, das rasche Abschätzen der Distanzen zwischen dem Wagen und einem Hindernis, muss mit der Zeit den Muskeln um Augen, Mund und Ohren jenen Spannungsgrad verleihen, welcher für das Automobilgesicht charakteristisch ist. Am meisten aber prägt sich in diesen Zügen die Angst aus, eventuell die unschuldige Ursache einer verhängnisvollen Katastrophe zu werden."[9]

Die frühen Autofahrer suchten das rauschhafte Erleben, das wilde Abenteuer, den aggressiven Konkurrenzkampf auf der Straße. Das Auto stand für den unaufhaltsamen Fortschritt, für das Ende der alten, überkommenen Kultur. Es passte in eine Welt, die sich rasend schnell veränderte. Das Automobil um die Jahrhundertwende war ein Teil der Moderne-Bewegung. Viele Autofahrer waren Künstler und Bohemiens, Offiziere oder wohlhabende Großbürger, die sich als Avantgarde der neuen Zeit sahen. Man wollte auffallen und provozieren, die spießigen Bürger verschrecken; rasante Spritztouren und Autorennen gehörten dazu. Es war gerade die Aura des Dubiosen und Gefährlichen, die dem Automobil eine solche Anziehungskraft verlieh. So spottete Karl Kraus 1902 in der *Fackel*, dass sich nur „Sprösslinge der Finanz" und die „besseren Diebskreise" zum Auto hingezogen fühlten.[10]

Kampf auf der Straße

Das Freizeitvergnügen der Reichen stieß allerdings auf Widerstände, vor allem in ländlichen Gegenden. Die ersten Automobile verbreiteten Angst und Schrecken auf den Landstraßen. In seinen Erinnerungen berichtet Benz, wie „fremdartig" das neue Gefährt auf Tiere und Menschen gewirkt haben muss:

„Die Pferde, die ihren neuen Konkurrenten wenig Liebe und Verständnis entgegenbrachten, scheuten und wollten auf und davon. Die Kinder sprangen, wenn der Wagen fremde Dörfer passierte, unter Schreien und Rufen: ‚Der Hexenkarren, der Hexenkarren!' in die Häuser, schlugen so rasch wie sie konnten die Haustüren hinter sich zu und verriegelten sie, wohl aus Angst vor bösen Geistern."[11]

Manche versteckten sich sogar im Wald, bis der „Teufelsspuk" vorüber war. Auf den Straßen bewegten sich damals vor allem Fußgänger und Pferdefuhrwerke. Viele reagierten gereizt auf die rasenden Städter, die mit ihren knatternden Gefährten durch kleine Ortschaften preschten und dabei stinkende Staubwolken hinter sich herzogen. Die frühen Automobilisten hatten offenbar auch ihren Spaß daran, die Landbevölkerung zu schockieren. So notierte Eugen Diesel, der Sohn von Rudolf, in seinem Reisetagebuch mit spürbarem Vergnügen:

„Nein, was machten wir bei unserem Abschied aus Italien für einen Staub! … Das ganze Tal der Piave war dick eingenebelt, bis hoch zur Bergflanke lag eine weiße Wolke über dem Tale. Wir entsetzten die Fußgänger wie mit einem Gasangriff, ihre Gesichter verzerrten sich, und wir ließen sie zurück in einer formlos gewordenen Welt, in der weithin Feld und Baum unter einer trockenen Puderschicht alle Farbe verloren hatte."[12]

Der Hass aufs Automobil mündete nicht selten in Handgreiflichkeiten, gegen die heutige Autodebatten geradezu harmlos wirken. Schon Carl Benz berichtete von fliegenden Schottersteinen, von Menschen am Straßenrand, die wütend die Fäuste ballten. Frühe Ratgeber empfahlen Autofahrern ganz ernsthaft, Peitschen

mitzuführen, um damit auf das Auto zulaufende Kinder abzu-
wehren.[13] Auch zwischen Dorfpolizisten und Autofahrern gab es
immer wieder Auseinandersetzungen, vor allem nach Unfällen.
Auch der Schriftsteller und Autoenthusiast Bierbaum machte auf
seinen Fahrten nicht nur angenehme Erfahrungen:

„Nie in meinem Leben bin ich so viel verflucht worden, wie
während meiner Automobilreise im Jahre 1902. Alle deutschen Dialekte von Berlin an über Dresden, Wien, München
bis Bozen waren daran beteiligt und alle Mundarten des Italienischen von Trient bis nach Sorrent – gar nicht zu rechnen
die stummen Flüche, als da sind: Fäuste schütteln, Zunge
herausstrecken, die Hinterfront zeigen und anderes mehr."[14]

Das Auto war der Eindringling auf den Straßen, und bald be-
herrschte es die anderen Verkehrsteilnehmer. Mit seiner überle-
genen Geschwindigkeit drängte es sie an den Rand, wenn nicht
sogar in den Straßengraben. Bevor das Auto die Herrschaft übernahm, waren die Straßen nicht nur Transportwege, sondern vor
allem auch Lebensräume der Bevölkerung, wo Menschen flanier-
ten und Kinder spielten. Schon das Fahrrad hatte zu ersten Konflikten um die Straßennutzung geführt. Doch mit der Verbreitung des Autos verschärfte sich der Kampf um die Frage, wem die
Straße eigentlich gehört – den Anwohnern oder den Autofahrern.
Zwar kochte immer wieder der Volkszorn hoch. Aber nur wenige
stellten sich grundsätzlich gegen die Verbreitung des Automobils.
Zu den Fortschrittskritikern zählte ein gewisser Michael Freiherr
von Pidoll in Wien, der 1912 einen *Protest und Weckruf* veröffentlichte, in dem er das Recht der Allgemeinheit auf die Straßennutzung verteidigte:

„Woher nimmt der Automobilist das Recht, die Straße,
wie er sich rühmt, zu ‚beherrschen', die doch keineswegs

ihm, sondern der gesamten Bevölkerung gehört, diese auf
Schritt und Tritt zu behindern und ihr ein Verhalten zu dik-
tieren, das er nur auf den eigenen, privaten Wegen fordern
dürfte? Die öffentliche Straße ist nun einmal nicht für den
Expressverkehr bestimmt, sie gehört zum Milieu der Stadt.
Sollen etwa die öffentlichen Straßen ‚menschenrein' gehalten werden?"[15]

Die Bevölkerung litt nicht nur unter Lärm und Staub, sondern
auch unter der rücksichtslosen Raserei der Sportfahrer. Die Verkehrssicherheit beschäftigte schon in der Frühzeit des Autos die
Politik, denn die frühen Autofahrer fuhren mehr oder weniger,
wie sie wollten. So berichtete eine Automobil-Interpellation im
preußischen Landtag 1908 von 2920 Unfällen innerhalb von
sechs Monaten, ein Abgeordneter sprach von der „beispiellosen
Rohheit" der rasenden Automobilisten, die mit ihren „Sport- und
Vergnügungswagen" die Straßen unsicher machten:

„Die Herren schätzen den Wert ihrer Zeit denn zu hoch
ein. Gerade die Landwege sind besonders gefährdet, und
die Landbevölkerung ist über die Autler in höchstem Maße
verbittert, zumal da diese sich, wenn sie etwas angerich-
tet haben, durch die Flucht der Verantwortung zu entziehen belieben."[16]

Zwar beendeten die ersten Autogesetze, darunter Verkehrsvor-
schriften und Haftpflichtregeln, die gesetzlose Pionierzeit, um
die Bevölkerung besser vor den „Tyrannen der Landstraße" zu
schützen. Doch der Siegeszug des Autos war nicht zu bremsen.
Die Autobegeisterung beschränkte sich nicht mehr auf ein paar
neureiche Abenteurer. Auch konservativere Schichten erkannten
den Nutzen des Autos, darunter etwa viele Ärzte, die ihre Patien-
ten besuchen wollten. Das Image des Autos wandelte sich. Um

1910 galt es nicht mehr nur als Sportgerät und Luxusvergnügen neureicher Abenteurer, sondern als durchaus vernünftiges Fortbewegungsmittel, zumindest für jene, die es sich leisten konnten; zugleich wurden die Autos selbst immer zuverlässiger und bequemer. Das Auto erschien immer mehr als das „eigentlich moderne, dem Leben im 20. Jahrhundert gemäße Verkehrsmittel"[17].

Totale Mobilmachung

Beschleunigung war die zentrale Erfahrung der modernen Welt. In allen Bereichen ging es darum, Zeit und Raum zu beherrschen, die Geschwindigkeit von Prozessen zu erhöhen, Wege zu verkürzen, das Tempo des Transports zu steigern, wie es der amerikanische Technikphilosoph Lewis Mumford in seinem Buch *Der Mythos der Maschine* beschreibt: „Es gibt nur eine erwünschte Geschwindigkeit: schneller; nur ein verlockendes Ziel: weiter weg, nur ein erstrebenswertes Maß: größer, nur ein rationales quantitatives Ziel: mehr."[18] Während die einen über die moderne Hetze und Unruhe klagten, verherrlichten die andern die Geschwindigkeit. Vor allem die italienischen Futuristen feierten das Automobil als Inkarnation eines Fortschritts, der anscheinend nicht zu bremsen war. Im Manifest des Futurismus von 1909 heißt es unter anderem:

„Wir erklären, dass sich die Herrlichkeit der Welt um eine neue Schönheit bereichert hat: die Schönheit der Geschwindigkeit. Ein Rennwagen, dessen Karosserie große Rohre schmücken, die Schlangen mit explosivem Atem gleichen … ein aufheulendes Auto, das auf Kartätschen zu laufen scheint, ist schöner als die Nike von Samothrake."[19]

Die Entwicklung des Automobils entsprach der modernen Steigerungslogik. Noch 1891 musste sich ein Peugeot-Auto im direkten Vergleich einem Fahrrad geschlagen geben. Bei einem frühen Autorennen von Berlin nach Potsdam im Jahr 1898 erreichte der Sieger eine Durchschnittsgeschwindigkeit von gerade mal 25 km/h, im Jahr 1908 waren es bereits 80 km/h, und 1911 erzielte der Benz-Blitz eine für damalige Verhältnisse sagenhafte Spitzengeschwindigkeit von 228 km/h. Die frühen Autorennen waren außerordentlich gefährlich. Die Rennfahrer galten als tollkühne Helden, nicht wenige starben auf der Straße. So ging die Fernfahrt Paris – Madrid im Jahr 1903 als „Mörderrennen" in die Geschichte ein; nach zehn Toten wurde es schließlich abgebrochen.

Das Automobil war immer schon eine potenziell gefährliche Waffe, das zeigten nicht nur die Autorennen, sondern auch die steigenden Unfallzahlen im gewöhnlichen Straßenverkehr. Selbstbewegung hieß stets auch Selbst-Steigerung, Entfesselung von Energie, Anmaßung von Kraft. Es ist nicht nur von technikhistorischer Bedeutung, dass der Autopionier Gottlieb Daimler ein gelernter Büchsenmacher war, sein Gesellenstück eine Taschenpistole, die auf der ungefesselten Explosion von Pulver basierte, während das Automobil seine Kraft der Explosion eines Treibstoffgemischs verdankt. Autos und Schusswaffen beruhen nicht nur auf einem ähnlichen Prinzip. Sie können auch eine ähnliche Wirkung haben. Das Automobil konnte immer schon töten. Der Gedanke lag nahe, es auch als Waffe einzusetzen. Das Auto passte nicht nur zur modernen, geschwindigkeitsbesessenen Welt. Es passte auch zum modernen Krieg.

Es ist nicht ohne symbolischen Wert, dass der Erste Weltkrieg schon in einem Auto begann. Der österreichische Thronfolger Erzherzog Franz Ferdinand wurde in Sarajewo in einem offenen Gräf & Stift-Wagen erschossen. Der Große Krieg fand auch auf den Straßen statt. Das Auto gehörte zur „totalen Mobilmachung", von der Ernst Jünger sprach, zur entfesselten Technik, die im Krieg ihren furchtbarsten Ausdruck fand. Kaum zufällig waren viele Offiziere frühere Autoenthusiasten. Schon vor 1914 hatte man sie auf Risiko und Gefahr gedrillt. Die gleichen jungen Männer, die sich für Autos begeisterten, begeisterten sich auch für den Krieg. Eine zentrale Rolle dabei spielte das Kaiserliche Automobilkorps, eine 1905 gegründete Truppe von Herrenfahrern, die im Kriegsfall ihre Privatfahrzeuge und ihre Fahrerqualitäten zur Verfügung stellen sollten. Auch Zivilisten konnten damit den Rang des Reserveoffiziers erreichen. Nach Kriegsausbruch gliederten sich die Herrenfahrer in die Militärmaschinerie ein. Der militärische Nutzen des Automobils zeigte sich schnell. Die Eisenbahn erwies sich oft als zu schwerfällig, um Truppen oder Munition zu transportieren. Lastkraftwagen waren für den Nachschubtransport besser geeignet, während die Personenkraftwagen, vor allem die Luxusmarken, der Repräsentation dienten; der Heeresbefehlshaber Hindenburg fuhr einen Mercedes. Laut Historiker Möser[20] verfügte die deutsche Armee im September 1914 über 9739 Lastkraftwagen und 4000 Stabsfahrzeuge, Ambulanzen und Motorräder, und damit über weitaus mehr Fahrzeuge als etwa das französische Heer. Bei Kriegsende waren es bereits 25 000 Lastkraftwagen, 12 000 Stabsautomobile, 5400 Meldemotorräder – sowie 3200 motorisierte Sanitätsfahrzeuge für den Verwundetentransport, der immer wichtiger wurde, je länger der Krieg dauerte. Der Fahrdienst an der Front war extrem hart, nicht zuletzt wegen der Unzuverlässigkeit der Autos.

Aus Sicht des Militärs stellte sich allerdings noch ein weiteres Problem. Die Eisenbahn war an die Schiene gebunden, das Automobil an die Straßen. Die naheliegende Frage lautete, wie sich das Auto im Gefecht im freien Feld einsetzen ließe. Die Militärs wünschten sich eine straßenunabhängige, gepanzerte und motorisierte Waffe. Die nötige Technik war vorhanden. Man musste die Fahrzeuge nur mit entsprechenden Schutzhüllen und einem geländetauglichen Raupenfahrwerk ausrüsten. Bei der Entwicklung der ersten Panzer griff man auf eine Technik aus der Landwirtschaft zurück, die Gleiskette oder Raupe. Die militärische

Wirkung der ersten Panzer war gewaltig, nicht zuletzt auch psychologisch. Mensch und Technik schienen schon im zivilen Auto zu verschmelzen. Im Panzer bildeten sie eine todbringende Einheit. Während die Soldaten im Fronteinsatz mit Autos herumfuhren, wurden in der Heimat Fahrverbote verhängt; es fehlte unter anderem an Treibstoff und Reifen; unmittelbar nach Kriegsende kam der Autoverkehr vorübergehend zum Erliegen. Dennoch trug die „Kriegsmotorisierung" wesentlich zur Verbreitung des Automobils bei. Viele Soldaten hatten im Krieg das Autofahren gelernt, nach Kriegsende gelangten massenweise Militärfahrzeuge in den normalen Straßenverkehr.

„Die breite Autobegeisterung im Europa der 20er Jahre, die kollektive Fantasie einer Volksmotorisierung, wäre nicht denkbar gewesen ohne den Modernisierungsschub und die Konditionierung durch den Ersten Weltkrieg, die das Motorfahrzeug erst trivialisierten und schließlich zum allgemeinen Wunschobjekt machten."[21]

Doch nicht alle waren begeistert. Das Auto als Kriegswaffe – das machte Angst. Das war auch ein Symbol für die Herrschaft der Maschinen, die das Leben in der modernen Gesellschaft zu bestimmen schien. In seinem Roman *Der Steppenwolf*, erschienen 1927, imaginierte Hermann Hesse eine „Hochjagd auf Automobile" – eine Art Endkampf zwischen Mensch und Technik:

„Überall lagen Tote und Zerfetzte herum, überall auch zerschmissene, verbogene, halbverbrannte Automobile, über dem wüsten Durcheinander kreisten Flugzeuge und auch auf sie wurde von vielen Dächern und Fenstern aus mit Büchsen und mit Maschinengewehren geschossen. Wilde, prachtvoll aufreizende Plakate an allen Wänden forderten in Riesenbuchstaben, die wie Fackeln brannten, die Na-

tion auf, endlich sich einzusetzen für die Menschen gegen die Maschinen, endlich die fetten, schön gekleideten,
duftenden Reichen, die mit Hilfe der Maschinen das Fett
aus den anderen pressten, samt ihren großen, hustenden,
böse knurrenden, teuflisch schnurrenden Automobilen
totzuschlagen ..."[22]

Doch an der Autobegeisterung in der Bevölkerung änderten sol-
che apokalyptischen Töne nichts. In den 1920er Jahren gehörten Autos schon zum Straßen-
bild. Allerdings konnten sich nur die Wohlhabenden einen eige-
nen Wagen leisten. Für die breiten Massen, die unter der Inflati-
on der Nachkriegszeit litten, blieb das Auto unerschwinglich. Die
deutsche Autoindustrie, zersplittert in viele kleine Unternehmen,
produzierte nur geringe Stückzahlen zu hohen Preisen, meist mit
veralteten, arbeitsintensiven Fertigungsmethoden; hergestellt wurden vorwiegend Luxusautos, obwohl längst erste Ideen für einen Kleinwagen kursierten. Selbst die großen Hersteller wie die
Daimler-Motorenfabrik und Benz & Cie, die 1926 zur Daim-
ler-Benz AG verschmolzen wurden, schafften kaum mehr als vier
oder fünf Fahrzeuge pro Tag. Das Hauptproblem war allerdings
die geringe Inlandsnachfrage, bedingt vor allem durch die niedrigen Einkommen. Zum hohen Anschaffungspreis eines Autos kamen die Erhaltungskosten wie Benzin und Steuern. Die Verkehrspolitik förderte vor allem die Reichseisenbahn, beim Automobil
hingegen war man zögerlich. Noch Anfang der 1930er Jahre gab
es in Deutschland weder ein Auto für die breite Masse, noch ein
ausreichend ausgebautes Straßennetz. 1932 besaß nur ein Prozent der Deutschen ein eigenes Auto. Neidisch schauten viele in
die USA, wo die Massenmotorisierung bereits in vollem Gange
war – und der Ford *Model T* millionenfach vom Fließband lief.

In den USA waren die Voraussetzungen für das Automobil sicherlich günstiger als in Europa. In dem riesigen Land waren ge-

waltige Distanzen zu überbrücken, es gab eine individualistische und mobile Kultur, man begeisterte sich für technische Innovationen. Aber der gigantische Erfolg erklärt sich nicht rein dadurch. Die Dominanz des Fordismus hatte vor allem drei Gründe: Der erste lag in den revolutionären Fertigungsmethoden. Ein Auto bestand damals aus etwa 5000 Komponenten, damit war es eines der komplexesten Industrieprodukte überhaupt. Die Fließbandfertigung bei Ford, die auf der Zerlegung des Produktionsablaufs in einzelne Arbeitsprozesse basierte, ermöglichte gewaltige Produktivitätssteigerungen. So stieg die Jahresproduktion zwischen den Jahren 1910 und 1916 von 32 000 auf 734 000 Fahrzeuge. In den besten Zeiten lief alle drei Minuten ein neuer Ford vom Fließband. Schon 1924 produzierte Ford rund zwei Millionen Fahrzeuge pro Jahr, der Preis sank auf ein Achtel des ursprünglichen Preises. Insgesamt stellte Ford vom *Model T* 15 Millionen Fahrzeuge her, eine Zahl, die Volkswagen mit dem Käfer erst 1972 erreichte. Der zweite Faktor war das höhere Lohnniveau. Ein amerikanischer Arbeiter verdiente rund das Doppelte eines deutschen Arbeiters. Zusammen mit der Fließbandfertigung führte Ford den Fünf-Dollar-Tageslohn ein, immerhin das Doppelte gegenüber dem branchenüblichen Standard. Das Ziel war nicht nur, die Motivation der Arbeiter zu steigern, sondern auch deren Kaufkraft. Ein Ford-Arbeiter sollte sich auch selbst einen Ford leisten können. Der dritte Faktor schließlich war das Produkt selbst. Während die deutschen Hersteller eine Vielzahl von Modellen produzierten, setzte Ford mit dem *Model T* auf ein einziges, undifferenziertes Einheitsprodukt. Es hatte lediglich zwei Gänge und zwei Pedale sowie einen Vierzylinder-Motor mit 20 PS, der nur eine Höchstgeschwindigkeit von 40 Stundenkilometern erreichte. Gerade die technische Schlichtheit erwies sich als entscheidender Konkurrenzvorteil. Einen Ford konnte jeder fahren. Seinen Erfolg in Amerika verdankte das *Model T* nicht zuletzt den Farmern, immerhin 60 Prozent der Bevölkerung, die den Wagen oft mit einem Anhänger verbanden, um damit landwirtschaftliche Geräte zu transportieren. Das *Model T* war weder ein Sportgerät noch ein Statussymbol. Es half den Menschen einfach, ihren Alltag in dem riesigen Land zu bewältigen. Nicht der Volkswagen Käfer war der erste wirkliche Volks-Wagen. Es war das *Model T*, liebevoll „Tin Lizzie" genannt.

Die automobile Kluft zwischen der Weimarer Republik und den USA konnte kaum größer sein. Zwei grundsätzlich verschiedene Konzepte des Automobils standen einander gegenüber: Auf der einen Seite das fließbandgefertigte US-Auto, technisch nicht perfekt, aber komfortabel und erschwinglich, auf der anderen das präzisionsgefertigte deutsche Automobil, das sich nur die Reichen leisten konnte. Das „demokratische" Auto stand also gegen das „elitäre", das Auto für die vielen gegen jenes für wenige. Ausgerechnet das Land, in dem das Auto erfunden wurde, erwies sich als unfähig, einen Wagen für die breite Bevölkerung herzustellen. Erst ließ man sich von den Franzosen vorführen, wie man das Auto erfolgreich bewirbt. Dann zeigten die Amerikaner, wie man daraus ein Massenprodukt macht.

Mitte der 1920er Jahre geriet Ford in eine Krise, Stückzahlen und Gewinne sanken, zugleich begann der Aufstieg von General Motors. Der Hersteller setzte nicht mehr wie Ford auf ein Einheitsmodell, sondern auf jährliche Modellwechsel und verschiedene Fahrzeugklassen, ohne dabei die Produktivitätsgewinne des Fordismus aufzugeben. Auch die Autos von GM sollten erschwinglich bleiben. Man kombinierte handgefertigte Karosserievarianten mit fließbandgefertigten Standardkomponenten, vor allem für den Motor. Das Auto sollte den Kundenwünschen entsprechen, nicht nur den Vorstellungen der Ingenieure. GM schuf damit die Grundlagen des modernen Automobilbaus mit seiner Modellvielfalt. Von einer solchen „Demokratisierung" des Konsumguts Auto war die deutsche Autoindustrie bis in die 1930er Jahre weit entfernt. Die „Autonation" hieß noch nicht Deutschland, sondern USA.

Die komfortablen und preisgünstigen amerikanischen Autos drohten die deutsche Konkurrenz regelrecht zu überrollen. Ein Drittel der Neuzulassungen entfiel 1928 bereits auf US-Fabrikate. Um die einheimischen Hersteller zu schützen, griff man zu protektionistischen Maßnahmen wie Schutzzöllen; zugleich setzte man auf nationalistische Gefühle: „Deutsche, kauft deutsche Wagen", hieß es etwa bei der deutschen Automobilausstellung 1925.[23] Es ist eine interessante Spekulation, was aus Deutschlands Autoindustrie ohne diese Maßnahmen geworden wäre – und damit aus dem deutschen Wirtschaftswunder nach dem Krieg. Historiker Möser kommt jedenfalls zu dem Schluss: „Amerikanische Autos wären ohne staatliche Abwehrstrategien zwischen den Kriegen auch hierzulande marktbeherrschend geworden."[24] Es entbehrt insofern nicht einer gewissen historischen Ironie, wenn sich deutsche Hersteller und Politiker heute über Donald Trumps Androhung von Strafzöllen gegenüber der deutschen Autoindustrie beschweren.

In der Weimarer Republik stand der Fordismus für Fortschritt und Modernisierung. Viele bewunderten das Ford-System mit seiner Kombination aus Produktivität und hohen Löhnen, das anscheinend eine Wohlstandsspirale erzeugte, von der man im kriegsgeschüttelten Deutschland nur träumen konnte. Begeistert las man Henry Fords Autobiografie *Mein Leben und Werk*, die 1923 auf Deutsch erschienen war. Die Bauhaus-Künstler feierten gar die Ästhetik des Fließbands als Symbol des Wandels.

Die deutsche Autoindustrie war sich ihrer Rückständigkeit durchaus bewusst. Regelmäßig pilgerten Ingenieure in die USA, um die Fertigungsprozesse bei Ford zu studieren. In ihrer Fixierung auf die Produktivität übersahen sie jedoch, dass sich auch die amerikanischen Autos selbst weiterentwickelt hatten. Während die Amerikaner längst Servolenkungen, Startautomatiken oder leichtgängige Schaltungen einbauten, um den Komfort der Fahrzeuge zu erhöhen, tüftelten die deutschen Ingenieure noch immer an den Feinheiten der Basistechnologie. Bei den Motoren und Fahrwerken waren die amerikanischen Autos unterlegen. Aber zu einem attraktiven Auto gehörten eben auch Bequemlichkeit und einfache Bedienung. In ihrem technischen Perfektionismus ignorierten die deutschen Konstrukteure, was die Kunden wirklich wollten. Ganz ähnlich sollte man viele Jahrzehnte später auf Innovationen wie Elektro- und Hybridauto reagieren. Als Toyota Ende der 1990er Jahre sein Hybridmodell *Prius* auf den Markt brachte, taten deutsche Ingenieure den Antrieb als unelegant ab; lieber konzentrierte man sich auf die Weiterentwicklung der Diesel-Einspritztechnik.

Man kann die Frühgeschichte des deutschen Automobils als heroische Geschichte erzählen, als eine Geschichte von brillanten Erfindern und wilden Abenteurern, die mit ihren kühnen Konstruktionen die Welt erobern wollten. Sie ist aber auch die Geschichte eines Scheiterns. Sicher ist die Geschichte rührend, wie Daimler und Maybach in einem Gewächshaus an ihren Motoren bastelten, wie Carl Benz in einer Silvesternacht eine Stunde lang verzückt dem Klang seines Zweitakters lauschte. Aber besessenes Tüfteln ist eben nicht genug für erfolgreiche Innovation. Die deutschen Hersteller produzierten immer schon die besten, die technisch perfekten Autos. Doch sie schafften es nicht, im Autofahrer-Slang gesprochen, ihre PS massenhaft auf die Straße zu bringen. Die Kopfgeburt kam nicht auf Touren. Für die allermeisten blieb das Auto ein Sehnsuchtsobjekt, das unerfüllte Ideal der Selbstbewegung. Es war der amerikanische Erzkapitalist und Antisemit Henry Ford, der das Auto zum Erfolgsprodukt machte, zum erschwinglichen Konsumgut für jedermann. Die Ideen Fords inspirierten seit den 1920er Jahren auch einen seiner Bewunderer, auch er ein Antisemit, der den Deutschen endlich den Volkswagen zu geben versprach, den sie sich angeblich so sehr wünschten. Sein Name war Adolf Hitler.

Kapitel 2

Schatten der Geschichte

Es gibt ein Foto von Adolf Hitler aus dem Jahr 1936, das ihn im Kreise seiner Vertrauten zeigt, als ihm Ferdinand Porsche gerade die Konstruktion eines „Volkswagens" erklärt. Verzückt lächelnd, fast wie ein Kind, betrachtet Hitler das Modell. Der Volkswagen war Hitlers liebstes „Spielzeug", wie es der Historiker Ulrich Herbert einmal nannte[1] – sein Propaganda-Vehikel, mit dem er die Deutschen zu einer „Volksgemeinschaft" von Autofahrern machen wollte. Zwar erwies sich das Projekt als gewaltiger Fehlschlag – in der NS-Zeit wurde kein einziger Volkswagen tatsächlich verkauft. Doch Hitlers Motorisierungspolitik wirkte weit über das Ende des Dritten Reichs hinaus. Nach dem Krieg fuhren die Deutschen nicht nur auf Hitlers Autobahnen. Sie saßen auch in dem Auto, das in Hitlers Auftrag konstruiert worden war. Es gehört zu den Wahrheiten der deutschen Geschichte, dass Deutschlands größter Exportschlager nach dem Krieg, der *VW Käfer*, auf die Idee eines Massenmörders zurückging. Es war der Autonarr Hitler, der die wesentlichen Grundlagen für den deutschen Autoboom der Nachkriegszeit schuf. An seiner Seite stand ein deutscher Konstrukteur, der wie die Pioniere aus der Frühzeit nichts anderes wollte, als die beste technische Lösung zu realisieren – und ein möglichst perfektes Auto zu bauen.

Als Hitler 1933 an die Macht kam, gab es in Deutschland noch immer weder ein erschwingliches Auto für die breite Bevölkerung, noch Straßen für höhere Geschwindigkeiten. Doch die Fantasie vom Auto für die Massen spukte bereits in den Köpfen

Abb. 2: Der Führer und sein Tüftler: Der Autonarr Hitler lässt sich von Ferdinand Porsche (2. v. li.) den „Volkswagen" erklären.

herum. Das Auto galt als modern, es machte die Menschen beweglicher, es verkürzte die Wege. Es war den Deutschen nicht entgangen, dass in den USA schon Millionen Fahrzeuge über die Highways rollten, während das Auto in Deutschland immer noch ein Luxusartikel war. Und sie ärgerten sich über die hohen Zölle auf die günstigen Ford-Autos. Die Sehnsucht nach dem Auto war in der Bevölkerung also ebenso da wie die Wut auf die Eliten, die dem kleinen Mann das eigene Auto vorenthielten.

Bei der Eröffnung der Internationalen Automobil- und Motorradausstellung am 11. Februar 1933, knapp zwei Wochen nach seiner Machtübernahme, trat Hitler im feierlichen Cut vor die versammelte Autoindustrie, um über seine Pläne für die Motorisierung Deutschlands zu sprechen. Der Reichskanzler präsentierte sich in seiner Rede als Autokenner und Verkehrsexperte, der die bahnbrechende Bedeutung des Automobils erkannt hatte:

„Der Kraftwagen ist neben dem Flugzeug zum genialsten Verkehrsmittel des Menschen geworden. Es kann der Stolz des deutschen Volkes sein zu wissen, daß es an der Entwicklung und am Ausbau dieses großartigen Instruments mit den größten Anteil genommen hat."

Hitler erklärte den Autoherstellern, was zur Förderung der „heute wohl wichtigsten Industrie" zu geschehen habe. Er verkündete eine ganze Reihe von Maßnahmen, von steuerlichen Entlastungen über die Förderung des Rennsports bis zur Durchführung eines „großzügigen Straßenbauplans":

„So wie das Pferdefuhrwerk einst sich seine Wege schuf, die Eisenbahn den dafür nötigen Schienenweg baute, muß der Kraftverkehr die für ihn erforderlichen Autostraßen erhalten. Wenn man früher die Lebenshöhe von Völkern oft nach der Kilometerzahl der Eisenbahnschienen zu messen versuchte, dann wird man in der Zukunft die Kilometerzahl der für den Kraftverkehr geeigneten Straßen anzulegen haben."[2]

Bei der Gelegenheit dankte Hitler den „unzähligen deutschen Konstrukteuren und Technikern, deren Genialität die Wunderwerke menschlicher Erfindungsgabe schafft". Und er dankte den Arbeitern, die es ermöglichten, technische Gedanken „in solche Maschinen umzuformen, die man als wahre Meisterwerke von Präzision und auch ästhetischer Schönheit bezeichnen kann."

„Ein Wagen für die Masse"

Hitlers Motorisierungs-Programm verfolgte ökonomische und ideologische Ziele. Einerseits sollte es die Wirtschaft ankurbeln und Arbeitsplätze schaffen, andererseits die Verbreitung des Autos als „Volksverkehrsmittel" fördern.[3] Nach Hitlers Rede kam es tatsächlich zu einer Belebung der Autoindustrie, auch wenn diese vermutlich eher auf den allgemeinen Aufschwung zurückzuführen war, wie der Historiker Ian Kershaw meint. Für die breite Masse waren die deutschen Fabrikate immer noch viel zu teuer. Was Hitler vorschwebte, das war ein preisgünstiges Auto für jedermann, eine deutsche Variante von Fords *Model T*. Der „Volkswagen" wurde seine fixe Idee.

Hitler sah die unerfüllte Sehnsucht der vielen, die sich kein eigenes Auto leisten konnten. Seine Motorisierungspolitik versprach, das Ideal der Pioniere endlich zu verwirklichen – das Ideal der Selbstbewegung, und zwar für jedermann. Hitler wollte keine anarchischen Auto-Dandys aus besseren Kreisen, die mit ihren Luxusspielzeugen die Leute verschrecken. So erklärte er bei der Berliner Automobilausstellung 1934:

„Solange das Automobil lediglich ein Verkehrsmittel für besonders bevorzugte Kreise bleibt, ist es ein bitteres Gefühl, von vorneherein Millionen braver, fleißiger und tüchtiger Mitmenschen, denen das Leben ohnehin nur begrenzte Möglichkeiten einräumt, von der Benutzung eines Verkehrsmittels ausgeschlossen zu wissen, das ihnen vor allem an Sonn- und Feiertagen zur Quelle eines bisher unbekannten Glücks würde."

Man müsse dem Auto seinen „klassenspaltenden Charakter" nehmen, es dürfe

„nicht länger Luxusmittel bleiben, sondern muß zum Gebrauchsmittel werden. Wenn wir wirklich die Kraftwagenbesitzer in Deutschland in die Millionenzahl steigern wollen, dann kann dies nur gelingen, wenn wir seinen Preis anpassen dem finanziellen Leistungsniveau der hierfür infragekommenden Millionen Masse der Käufer. Wenn die deutsche Regierung wünscht, daß das deutsche Volk lebendigen Anteil am Kraftwagen nimmt, dann muß aber die Wirtschaft für das deutsche Volk auch den geeigneten Kraftwagen schaffen und bauen."

Die deutschen Autohersteller, so forderte Hitler unmissverständlich, sollten endlich in die Gänge kommen, ein preisgünstiges Auto für alle bauen, wie es Henry Ford vorgemacht hatte, statt weiter an ihren handgefertigten Luxusmobilen für die Eliten festzuhalten. Er wies auf den Erfolg des Volksempfängers hin, eines einfachen, preisgünstigen Radioapparats für die breiten Massen.

„Ich möchte es nun als die bedeutendste Aufgabe für die deutsche Kraftwagenindustrie hinstellen, immer mehr den Wagen zu konstruieren, der zwangsläufig eine Millionenschicht neuer Käufer erschließt, nur wenn es uns gelingt, die weiteste Masse für dieses neue Verkehrsmittel zu erobern, wird nicht nur der volkswirtschaftliche, sondern auch der soziale Nutzen ein unbestreitbarer sein."[4]

Den angestrebten Verkaufspreis für ein solches Auto setzte Hitler später auf 1000 Reichsmark fest.

Der Führer und sein Tüftler

Die deutsche Autowirtschaft reagierte skeptisch. Weder wollte man überhaupt einen Kleinwagen bauen, noch hielt man den

Preis für realistisch. Die großen Hersteller setzten auf eine Hinhaltetaktik. Immerhin erklärte man sich im Mai 1934 bereit, ein Konsortium zur Entwicklung des Volkswagens zu bilden, wobei man damit rechnete, dass das Projekt ohnehin im Sande verlaufen würde. Mit den Entwicklungsarbeiten beauftragt wurde das Konstruktionsbüro von Ferdinand Porsche (1875–1951), der sich als Autobauer bereits einen Namen gemacht hatte, der allerdings auch bekannt war für seine kostspieligen Konstruktionen. Porsches Erfolgsgeschichte basierte eigentlich auf dem Rennwagenbau, der zu dieser Zeit als größte Herausforderung der Automobilentwicklung galt, aber er hatte auch Erfahrung mit der Konstruktion von Kleinwagen. Porsche traute sich zu, Hitlers Idee zu verwirklichen und den kompletten Entwicklungsprozess durchzuführen. Nach Porsches ersten Entwürfen sollte der Wagen ein vollwertiges Auto sein, er sollte vier komfortable Sitze haben und nicht mehr als 600 bis 650 Kilo wiegen, bei 90 Stundenkilometern Höchstgeschwindigkeit. Porsches *Exposé betreffend den Bau eines deutschen Volkswagens* beeindruckte offenbar auch Hitler, der sich selbst als Fachmann sah und seine eigenen Vorstellungen einbringen wollte. Bei einer persönlichen Unterredung soll der Autodidakt Hitler, der selbst sportliche Wagen liebte, obwohl er keinen Führerschein besaß, dem erfahrenen Konstrukteur klare Vorgaben gemacht haben; der Volkswagen sei mit einem luftgekühlten Dieselmotor anzutreiben und müsse gegebenenfalls auch militärischen Anforderungen genügen.[5]

Porsche trieb das Volkswagenprojekt mit einigem Geschick voran; dabei gelang es ihm, die verschiedenen Interessenlagen der Akteure auszunutzen. Vor allem versicherte er sich der Rückendeckung Hitlers, um die Autoindustrie auszumanövrieren, die das Projekt von Beginn an bremsen wollte. Schließlich erhielt Porsche den Zuschlag für die Entwicklung des Volkswagens. Bei der Automobilausstellung im Februar 1935 konnte Hitler die „Schaffung des Wagens der breiten Masse" in Aussicht stellen; er freue sich, dass es „der Fähigkeit eines glänzenden Konstrukteurs und der Mitarbeit seines Stabes gelungen ist, die Vorentwürfe für den deutschen Volkswagen fertigzustellen"[6]. Die ersten Prototypen des Volkswagens kamen bei Hitler und seinem Umfeld gut an. So meinte etwa Joseph Goebbels nach einer Probefahrt, der Wagen habe „ein fabelhaftes Anzugsvermögen, er steigt gut und ist vorzüglich gefedert"[7]. Bei der Automobilausstellung im Februar 1936 rühmte Hitler die „Genialität" seines Konstrukteurs und erklärte, er werde das Volkswagen-Projekt „mit rücksichtsloser Entschlossenheit" vorantreiben.[8] Es war Hitlers Idee, zur Produktion des Volkswagens ein eigenes Werk zu errichten, und zwar binnen neun Monaten; bis zur Automobilausstellung 1938 sollten bereits 100 000 Fahrzeuge produziert werden. Die Geschichte des Volkswagen-Werks zeigt, mit welcher Verbissenheit Hitler an seinen Plänen zur Massenmotorisierung festhielt, gegen die Automobilindustrie und gegen jede wirtschaftliche Vernunft. Das Werk im niedersächsischen Fallersleben sollte die modernste Fertigungsstätte in ganz Europa werden; das Vorbild war das Ford-Werk „River Rouge" in Detroit, die Geschäftsführung übernahm Ferdinand Porsche. Doch unter wirtschaftlichen Gesichtspunkten war das Projekt völlig unrealistisch, erst recht nach Kriegsbeginn. So fehlte es schlicht an Baumaterial und Rohstoffen, die für Waffen benötigt wurden. Das Bauvorhaben drohte im Chaos zu versinken. Als sich die deutsche Automobilindustrie aus dem Projekt zurückzog, musste 1937 die Deutsche Arbeitsfront einspringen, die damals finanzstärkste Organisation der NSDAP, die unter anderem über die Mittel der aufgelösten Organisationen der Arbeiterbewegung verfügte; die Gelder flossen dann in den Bau des Volkswagenwerks. Hitler persönlich taufte den Volkswagen um zum „Kraft durch Freude"(KdF)-Wagen, nach der NS-Freizeitorganisation. Die Siedlung der Werksarbeiter nannte man „Stadt des KdF-Wagens" – das heutige Wolfsburg. Von den rund 336 000 Deutschen, die im Rahmen eines KdF-Finanzierungsplans für ihren Volkswagen ansparten, bekam unter dem NS-Regime jedoch kein einziger sein Auto.

„Kraft durch Freude"

Nach dem Ausbruch des Krieges hatten sich die Pläne für die Serienfertigung des Volkswagens zerschlagen; das Werk übernahm stattdessen Rüstungsaufträge, unter anderem für Bomben und Panzerfäuste. Porsche profitierte vor allem davon, dass sich seine Volkswagen-Konstruktion leicht in ein militärisch nutzbares Fahrzeug umbauen ließ. Schon im Januar 1938 einigte er sich mit dem Heereswaffenamt über die Umrüstung des Volkswagens zu einem geländegängigen Universalfahrzug. Innerhalb von fünf Monaten war der Kübelwagen fertig, die militärische Version des einstigen „Kraft durch Freude"-Wagens. Er kam an allen Fronten zum Einsatz und stärkte weiter Porsches Reputation. Von 1940 bis 1945 produzierte das Werk auch 65 000 Militärfahrzeuge, die auf Varianten von Porsches Volkswagen-Konzept beruhten. Der Erfolg des Kübelwagens sollte nach dem Krieg dazu beitragen, die Begeisterung für die zivile Version zu befeuern. Mit dem Kübelwagen hatte sich die Porsche KG für weitere Rüstungsaufträge empfohlen. Bereits 1937 hatte man einen Auftrag zur Konstruktion eines schweren Kampfpanzers erhalten. Doch diesmal scheiterte Porsche an der Aufgabe, allerdings weniger an der Konstruktion selbst als an den kriegswirtschaftlichen Vorgaben.

Schon beim Bau des Werks war die Firmenleitung auf italienische Gastarbeiter angewiesen, für die Rüstungsproduktion brauchte man weitere Arbeitskräfte. Wie in anderen NS-Betrieben griff man auf Zwangsarbeiter, Kriegsgefangene und KZ-Häftlinge zurück, die in der Regel von der Werksleitung angefordert wurden. Porsche selbst nutzte seinen Kontakt zum SS-Führer Heinrich Himmler, als das Werk weitere Arbeitskräfte aus dem KZ für den Bau einer Leichtmetallgießerei brauchte. Viele

Zwangsarbeiter waren unterernährt und in elenden Unterkünften untergebracht. Häftlinge des KZ-Außenlagers Laagberg mussten bei Eiseskälte Baracken errichten, bis sie vor Erschöpfung zusammenbrachen, viele wurden von den SS-Wachmannschaften misshandelt. Immer wieder verhungerten Gefangene, oder sie starben an den Schlägen sadistischer Wärter. In der umfangreichen Studie *Das Volkswagenwerk und seine Arbeiter im Dritten Reich* hat der Historiker Hans Mommsen mit seinem Koautor Manfred Grieger die Geschichte der Zwangsarbeit bei Volkswagen umfassend aufgearbeitet. Mit Hinblick auf die Zustände im KZ-Außenlager Laagberg schreiben die Autoren: „Daß der Leitung des Volkswagenwerkes eine Mitverantwortung zufiel, darf hinter den Verbrechen der SS nicht zurücktreten." Der Historiker hält den Verantwortlichen „moralische Indifferenz" und „technokratisch geprägten Pragmatismus" vor: „Wie ein Schlafwandler ist Porsche durch das Verbrechen gelaufen."[9]

Es waren zeitlebens die engen Beziehungen zur Politik, die Porsche auf die „Erfolgsspur" brachten. „Porsche lebte für seine technischen Ideen," schreibt Mommsen:

„Er gehörte zu den Technikern, die die ungeahnten produktiven Freiräume, die das Regime ihnen plötzlich eröffnete, um jeden Preis zu nutzen entschlossen waren, ohne sich an den politischen Rahmenbedingungen zu stoßen."[10]

Nicht viele Unternehmer dürften mit Hitler derartig häufig zusammengetroffen sein wie Ferdinand Porsche, meint auch der Historiker Wolfram Pyta in seiner Porsche-Biographie:

„Ohne politische Rückendeckung wäre der rasante Aufstieg eines kleinen Anbieters von Konstruktionsleistungen zu einem kompletten Entwicklungsbetrieb für Fahrzeugtechnik nicht möglich gewesen. Aus eigener Kraft hätte die Porsche GmbH das Volkswagen-Projekt nicht zu ihrem profilbildenden Markenzeichen machen und den unternehmerischen Durchbruch schaffen können."[11]

Ferdinand Porsche war wohl kein ideologischer Nationalsozialist. Seit 1937 war er zwar Mitglied der NSDAP und hatte auch einen SS-Rang. Doch politische Ambitionen wies er stets von sich. In einer Erklärung seiner Anwälte hieß es 1949:

„Der Anbruch dieser politischen Epoche überraschte Professor Porsche in sehr ernster wirtschaftlicher Lage, in die er durch die großen Investitionen in seine eigenen Konstruktionen (Rennwagen und Kleinkraftwagen) geraten war. Der politische Rummel als solcher berührte ihn und seine Mitarbeiter nicht. Sie waren in ihre Aufgaben vertieft und hatten den Kopf voller Pläne und voller wirtschaftlicher Sorgen. Professor Porsche war von jeher nur Techniker, Konstrukteur. Politik, politische Tagesfragen lagen und liegen noch heute völlig außerhalb seines Gedankenkreises."[12]

Jedenfalls zog Porsche enormen Nutzen aus seinem Zugang zu den Entscheidungsträgern des NS-Regimes. In seiner Porsche-Biografie kommt Pyta zum Schluss, dass Porsche „keinen politisch-moralischen Kompass besaß, der ihm politische Orientierung bot". Vielmehr habe er die Politik ausschließlich danach beurteilt, ob sie „es ihm gestattete, seine technisch ambitionierten Vorhaben ohne lästige Kompromisse verwirklichen zu können." Porsche habe agiert

„wie ein Opportunist reinsten Wassers, der instinktsicher wie skrupellos die sich bietenden ökonomischen Gelegenheiten zum Ausbau seines Familienunternehmens ergriff.

Abb. 3: Ein Leben für technische Ideen: Ferdinand Porsche stoppt die Rundenzeiten des *Mercedes-Benz-Silberpfeil*.

Dezidiert nationalsozialistische Überzeugungen waren für seinen unternehmerischen Erfolg auch gar nicht nötig. Denn die NS-Diktatur bot einer technokratischen Elite, zu der Porsche unzweifelhaft zählte, privilegierte Entfaltungsmöglichkeiten."[13]

Das Automobil gehörte zur Selbstinszenierung der Nazis als „Wegbereiter moderner Technologie", meint der Kulturhistoriker Wolfgang Kaschuba.[14] So ließ man die *Mercedes-Silberpfeile* mit Hakenkreuz-Fahnen über den Nürburgring rasen, der Tod im Motorsport wurde von der NS-Propaganda zum patriotischen Opfer stilisiert. Das Verhältnis zur Technik war allerdings ambivalent. Die Automobil-Propaganda verknüpfte Technik und Natur, Moderne und Heimat. Die neu ausgebauten Autobahnen betrachtete Hitler als „Ausdruck deutscher Landschaft und deutschen Lebens".[15] Auf einem Werbeplakat sah man eine Familie durch die Landschaft fahren, am Horizont ein Hakenkreuz.

Pyramiden des Reichs

Die Nazipropaganda feierte die Autobahnen nicht nur als herausragende technische Leistung, sondern als megalomane Kunstwerke, die von nationaler Größe künden sollten. Dabei sollten die Autobahnen nicht nur die „Pyramiden des Reiches" sein, sondern auch die Volksgemeinschaft zur Einheit verbinden. Nach Wolfgang Sachs stand hinter dem Autobahnprojekt „die Vision von der durchgängigen Gesellschaft, die von einem einheitlichen Lebensrhythmus durchpulst ist und der sich kein lokales Selbstbewusstsein und keine kulturellen Sonderwelten mehr entgegenstellen".[16]

Eine solche motorisierte Volksgemeinschaft konnte allerdings nur funktionieren, wenn sie auf gegenseitiger Rücksichtnahme beruhte. Insofern hatte die erste nationale Verkehrsgesetzgebung, die im Mai 1934 erlassene Reichs-Straßenverkehrs-Ordnung, auch eine ideologische Funktion. Die bis heute folgenreichste Regelung war allerdings eine ganz individualistische – die Aufhebung der Geschwindigkeitsbegrenzungen.[17] Das Motorisierungsprogramm der Nazis war letztlich ein gewaltiger Fehlschlag. Der Volkswagen gelangte nie zu seinen Käufern, ein Teil der KdF-Sparer bekam nach dem Krieg dafür einen Volkswagen auf Rabatt. Die Verbreitung des Automobils stieg bei weitem nicht so stark an, wie Hitler erwartet hatte. 1937 stieg der Fahrzeugbestand zwar erstmals auf über eine Million, doch Hitler hatte mindestens drei oder vier Millionen versprochen, den Bedarf schätzte er gar auf sechs bis sieben Millionen Fahrzeuge. Und von den angekündigten 6500 Kilometern Autobahn wurden auch nur 3000 Kilometer gebaut. Von einer „Massenmotorisierung" konnte also nicht die Rede sein. Auch die NS-„Verkehrsgemeinschaft" entwickelte sich nicht so, wie es das Regime erhofft hatte. Kaum hatten die Deutschen ihre Autobahnen und kaum waren die Geschwindigkeitsbegrenzungen aufgehoben, verfielen sie auch schon dem Geschwindigkeitsrausch. Zwischen 1933 und 1939 starben jährlich zwischen 6500 und 8000 Menschen auf den Straßen des „Reichs". Die rücksichtslosen Schnellfahrer seien „Schädlinge am Volk", wetterte Hitler 1939:

> „Ihre Handlungsweise ist eine verantwortungslose. Ihre Bestrafung ist daher eine selbstverständliche, soweit sie nicht durch einen eigenen Tod der Vergeltung durch die Volksgemeinschaft entzogen worden sind."[18]

Im Dienste der Verkehrssicherheit sei man „entschlossen, verbrecherische Elemente, Autofallensteller, Droschkenräuber und Mörder unbarmherzig zu vernichten und auszurotten."[19] Im Mai 1939 führten die Nazis wieder eine Geschwindigkeitsbegrenzung von 100 km/h ein. Wen man als die wahren Volksfeinde auf der

Abb. 4: „Pyramiden des Dritten Reichs": Hitler beim Spatenstich für die Reichsautobahn im September 1933.

deutschen Autobahn betrachtete, machte Polizeichef und SS-Führer Heinrich Himmler im Dezember 1938 klar, als er ein Fahr- und Autobesitzverbot für alle deutschen Juden verhängte.[20]

So erfolglos Hitlers Motorisierungsprogramm war, so verbrecherisch auch seine Absichten: Die NS-Vision der Volksgemeinschaft auf Rädern, die Idee eines nationalen „Blutkreislaufs" von Autobahnen wirkte über den Krieg hinaus nach. In der Geschichte der Automobilisierung nehme das Dritte Reich eine „Schlüsselstellung" ein, schreibt Wolfgang Sachs: „Zum Programm wurde ein Projekt, das über Jahrzehnte Anziehungskraft gewonnen hatte, und als Programm sollte es überdauern, nachdem dieses Reich schon längst in Schutt und Asche versunken war."[21]

Nach dem Krieg konnte die deutsche Autoindustrie einerseits an die Voraussetzungen anknüpfen, die Hitlers Motorisierungspolitik geschaffen hatte. Die industrielle Infrastruktur, das technische Wissen waren jedenfalls vorhanden, wie Kurt Möser schreibt:

„In den fünfziger Jahren fuhren die Westdeutschen im Volkswagen auf den Straßen des Führers, kauften Autos, die von den Rüstungsingenieuren des Dritten Reiches konstruiert worden waren und von ehemaligen NS-Wirtschaftsführern vermarktet wurden, und fuhren in Freizeitkluft in eben jene Länder, die sie zuvor in Uniform heimgesucht hatten. Es hatte den Anschein, als werde erst in der Bundesrepublik das fehlgeschlagene NS-Programm der Volksmotorisierung erfolgreich eingelöst."[22]

Andererseits war das Auto kein Mittel politischer Propaganda mehr, sondern ein unpolitisches Transportmittel für den Wiederaufbau und eine moderne Wirtschaftsstruktur, wie Möser meint: „Selbstverantwortlich gesteuerte Fahrzeuge im individuellen Besitz passten gut zum Selbstverständnis der neuen Demokraten."

Der verlorene Krieg habe allerdings im Fahrverhalten der Deutschen nachgewirkt. „Auffällig war ein aggressiver, rücksichtsloser Fahrstil, der nicht auf das Fortkommen aller zielte, sondern das Recht des stärker motorisierten Einzelnen auf der Straße durchsetzen wollte."[23] Der Kulturwissenschaftler Dietmar Klenke interpretiert das als Folge der militaristischen Erziehung deutscher Autofahrer; der deutsche Autoverkehr sei „Spiegelbild der seelischen Vergangenheitsbewältigung": „Das Potenzial kriegerischer Bewegungen ging mit der neuen individualistischen Freiheitsidee eine innige Verbindung ein und entwickelte sich zum Habitus des bundesdeutschen Automobilisten."[24] Und als 1953 der damalige Verkehrsminister Hans-Christoph Seebohm sämtliche Geschwindigkeitsbegrenzungen, die zwischenzeitlich wiedereingeführt worden waren, aufhob, berief er sich auf die „alten bewährten Regelungen"[25] aus der NS-Zeit, anscheinend ohne sich dabei etwas zu denken.

Kapitel 3

Ein deutsches Wunder

Das Automobil war das Propaganda-Vehikel der Nazis, aber es spielte auch eine zentrale Rolle beim deutschen Wiederaufbau. Vor allem aber war da die Sehnsucht der Deutschen nach etwas Wohlstand und Glück, der Traum vom „normalen Leben", die Hoffnung, die Jahre der NS-Diktatur einfach vergessen zu können. Die neue Freiheit materialisierte sich im Automobil. „Wir haben es geschafft: Das neue Auto steht vor der Tür", hieß es auf einem Werbebild für den Ford Taunus. Zu sehen war ein Familienvater, wie er einen Koffer in den Gepäckraum legt, daneben Frau und Sohn, während die Nachbarn neidisch aus dem Fenster blicken.[1]

In den 1950er und 60er Jahren entwickelte sich die deutsche Automobilindustrie zur gigantischen Erfolgsgeschichte. Zwischen 1950 und 1960 wuchs die Produktion dreimal so stark wie jene der gesamten Industrie. Ludwig Erhard versprach 1957 in seinem Buch *Wohlstand für alle* eine demokratische Konsumgesellschaft, in der dank gestiegenen Wohlstands jeder die Möglichkeit haben sollte, sich seine Wünsche zu erfüllen; unter anderem ging er auch von einem wachsenden Bedarf an Autos aus. In den 1950er und 60er Jahren vervierfachte sich tatsächlich das reale Einkommen und damit die Kaufkraft. Die Deutschen konnten sich etwas leisten – und viele leisteten sich ein Auto, und das nicht nur, um sich damit fortzubewegen. In den 1950er Jahren stieg der Motorisierungsgrad von 12, 7 Fahrzeugen pro 1000 Bundesbürger auf 81,2 – ein Wachstum von jährlich über 20 Prozent.[2] 1955 lief der

Abb. 5: Automobilwerbung aus der Zeit des Wirtschaftswunders: Symbol für Freiheit und Wohlstand.

einmillionste *VW Käfer* vom Band, im Jahr 1965 waren es bereits zehn Millionen; in der Autoindustrie arbeiteten 718 000 Menschen. Allein vom *VW Käfer* wurden insgesamt weltweit 21 Millionen Fahrzeuge verkauft – mehr als jemals vom legendären Ford *Model T*; schon 1955 verkaufte man mehr Autos im Ausland als

Abb. 6: Käfer-Produktionsjubiläum 1955: Vom NS-Propagandavehikel zur globalen Ikone.

in Deutschland. Ende der 1950er Jahre konnte es sich der Konzern leisten, auf Werbeplakaten lediglich eine Grafik mit den aktuellen Produktionszahlen zu zeigen, mit dem schlichten Titel: „Immer mehr und immer besser."

Anfang der 1960er Jahre besaßen die Deutschen bereits acht Millionen Privatautos. Steuerliche Entlastungen und niedrige Treibstoffkosten beeinflussten den Aufstieg des Autos ebenso wie die Politik der Autolobby. Es ist allerdings bis heute umstritten, in welchem Ausmaß die deutsche Verkehrspolitik den Ausbau Deutschlands zum „Autoland" aktiv vorantrieb. Während die einen von einem strategischen „Masterplan" zur Durchsetzung des Autos ausgehen, zeichnen andere ein differenzierteres Bild. Tatsächlich herrschte in den politischen Debatten der 1950er und

60er Jahre zumeist ein autofreundliches Klima.[3] Das Auto galt als das modernste Verkehrsmittel, das sich immer weiter durchsetzte. Weder gab es Staus noch ökologische Bedenken. Die Begeisterung der Deutschen für das Auto sprach für sich. Alle staatlichen Fördermaßnahmen konnten sich auf die praktisch ungeteilte Zustimmung der Bevölkerung stützen. Zugleich schuf der Autoverkehr ein System, das sich selbst perpetuierte. Das Auto entsprach, so schien es, dem Fortschritt der Zeit, und es hatte scheinbar keinen Zweck, sich dagegen aufzulehnen.

Mit ihrer immer größeren Modellpalette versprach die Autoindustrie soziale Aufstiegsmöglichkeiten. Bis in die 1960er Jahre hinein warb die Autoindustrie mit Wirtschaftlichkeit und Komfort ihrer Modelle, später rückten Sportlichkeit und Fahrspaß in den Vordergrund; so warb etwa Opel für den *Kadett* mit dem Slogan „Nur Fliegen ist schöner". Allein zwischen 1960 und 1973 vervierfachte sich der PKW-Bestand, die gefahrene Kilometerzahl verdreifachte sich, und die Streckenlänge der Autobahnen wuchs um das Doppelte. Zugleich wurden die Autos immer leistungsstärker. Es war die „Kraft-Zeit des Automobils", schreibt Wolfgang Sachs. Das *ADAC-Manifest für Kraftfahrt* 1965 ist ein eindrückliches Zeugnis aus einer Zeit, in der sich alles nach dem Automobil zu richten hatte. Das Manifest definiert das Auto als „Gebrauchsgegenstand für jedermann zur Befriedigung von Alltagsbedürfnissen, wie sie in einer freien Welt zur fortschrittlichen Gestaltung unseres Lebens gehören".[4] Das Auto dürfe nicht länger Symbol des Wohlstands sein, es sei vielmehr der „Wohlstandsanteil", der jedem Bürger zustehe. Von der Politik forderte der ADAC, die Voraussetzungen zu schaffen, dass es

„für alle zum Segen des technischen Fortschritts wird und dabei seiner schönsten Aufgabe zu dienen vermag: die freundschaftlichen Beziehungen der Menschen und der Völker untereinander zu ebnen und zu vertiefen."

Die Politik hatte für den reibungslosen Ablauf des Verkehrs zu sorgen. In einer Zeit hoher Unfallzahlen sei es ihre Aufgabe, „die Straße wieder zu einem Feld humaner Begegnung zu machen". Das Automobil habe nicht nur wirtschaftliche Impulse gebracht, sondern auch zur Anhebung des Lebensstandards geführt: „Es gibt uns aber auch die Möglichkeit, unser Leben schöner, weiter und freier zu gestalten." Um dieses Ziel zu erreichen, muss sich das Auto möglichst frei bewegen können. Das Manifest kommt daher zum Schluss: „Wer Wohlstand für alle will, braucht im Zeitalter der Motorisierung dazu vor allem gute Straßen".[5] Die Botschaft des Manifests war klar. Das Auto ist das zentrale Vehikel der modernen Gesellschaft, das prinzipiell jedem Bürger zusteht. Der Staat hat die Aufgabe, die Rahmenbedingungen dafür zu schaffen, dass sich die Bürger mit ihren Autos möglichst ungehindert bewegen können.

Made in Germany

Der deutsche Automobil-Mythos erzählt bis heute von Ingenieurskunst und Innovationskraft, von der Qualität und Verlässlichkeit des deutschen Autos, um die uns alle Welt beneidet. Selbst ein einfaches Volksauto wie der *VW Käfer* stand lange Zeit für deutsche Wertarbeit, für den Drang zur Perfektion. In den 1950er Jahren, in den Zeiten des größten Erfolgs, fahndete man nach dem leisesten Klopfgeräusch, um die hohe Qualität sicherzustellen, stets im Bewusstsein, dass man sich nicht die kleinste Nachlässigkeit erlauben durfte, wie der Volkswagen-Historiker Bernhard Rieger meint. Zum Fünf-Millionen-Jubiläum des Käfers sagte VW-Generaldirektor Heinrich Nordhoff, der im Krieg noch in leitender Funktion in der NS-Rüstungsproduktion bei Opel tätig gewesen war:

„Wir haben allen Grund stolz zu sein, denn der Volkswagen ist das Symbol eines der größten industriellen Erfolge, die je erzielt wurden ... Das Ergebnis harter, fleißiger Arbeit und konsequenter Verfolgung eines als richtig erkannte Ziels."[6]

Der Volkswagen, das war das Produkt von deutschem Fleiß, ein Zeichen der wirtschaftlichen Potenz eines Landes, das wieder auf dem Weg zu neuer Stärke war: „Mit Technik und Tüchtigkeit war vielleicht auch wieder die militärische und moralische Niederlage wettzumachen", schreibt Automobilhistoriker Wolfgang Sachs: „Größe dank Exportkraft, an diese Linie der nationalen Selbstdeutung konnte man anknüpfen, die Schuld vergessen machen und wieder Ansehen in der Welt gewinnen."[7] Als der *VW Käfer* in den 1950er Jahren seinen weltweiten Siegeszug antrat, bildete er „das neue Gesicht des neuen Deutschlands – demokratisch, friedlich, eingebunden in die neue Gemeinschaft westlicher Nationen"[8], so der britische Kunsthistoriker und Autor Neil MacGregor.

Die Verwandlung des *VW Käfer* vom Nazi-Propagandavehikel zur globalen Ikone war nicht zuletzt einer der spektakulärsten Marketingerfolge der Wirtschaftsgeschichte, ein beispielloses „Rebranding", die Neugeburt eines historisch schwer belasteten Produkts. Mit Hitler konnte man den Volkswagen schlecht bewerben, der Erfolg war nur möglich ohne „Schulterblick". Nur als geschichtsloses Produkt konnte der Volkswagen zum „Gesicht des neuen Deutschlands" werden. „Die Botschaft dahinter war: Was immer man über die Deutschen denken mag, man kann ihnen zutrauen, ein Auto zu bauen", meint Jack Ewing in seinem Buch über den VW-Skandal.[9]

Die Geschichte des Volkswagens hatte mit Hitler begonnen, sie endete schließlich im demokratischen Deutschland. Schon in den 1950er Jahren gab es erste Kritik am Erfolgsmodell. „Ist der *Käfer* veraltet?", fragte der *Stern* in einem Artikel.[10] Das Auto sei mit seinen 30 PS völlig untermotorisiert, die Höchstgeschwindigkeit von 70 Stundenkilometern unzureichend, die Platzverhältnisse beengt. Zudem erzeuge die Heizung üble Gerüche, und aufgrund des Heckmotors tendiere das Fahrzeug zum Übersteuern. Der *VW Käfer* bestach zwar weiterhin durch seine technische Zuverlässigkeit und den geringen Preis. Er war immer noch das unumstrittene Symbol des deutschen Wirtschaftswunders. Doch es mehrten sich die Zweifel an der Zukunftsfähigkeit eines Modells, dessen Konstruktion immerhin schon aus den 1930er Jahren stammte. Der Abstieg des *VW Käfers* entwickelte sich zum Lehrstück der Industriegeschichte. Auch der amerikanische Konkurrent Ford hatte sich in den 1920er Jahren zu lange auf sein *Model T* verlassen, bis sich die Käufer von dem Wagen abwandten – und der Hersteller in eine schwere Krise stürzte. Bei Volkswagen reagierte man zunächst mit kleineren technischen Verbesserungen am Fahrzeug, von höherer PS-Leistung über bessere Bremsen bis zur Heizung. Doch wirklich ernst nahm man die Kritik nicht, zumal sie sich nicht auf die Verkäufe auswirkte und das Unternehmen weiter wuchs, nicht zuletzt im Ausland.

Der Erfolg verdeckte die strukturellen Probleme, vor allem die Abhängigkeit von einem einzigen Modell. Die scheinbare Stärke Volkswagens entwickelte sich zur Schwäche. Neue Konkurrenten wie der *Opel Kadett* oder der *Ford Taunus* boten sich als nur geringfügig teurere Alternativen an. In mancherlei Hinsicht, etwa beim Komfort, waren sie dem *Käfer* sogar überlegen. Die langjährige Dominanz des *Käfers* war zu Ende, immer mehr Menschen stiegen auf einen der Konkurrenten um. Der Marktanteil von Volkwagen fiel von 45 Prozent im Jahr 1960 auf nur noch 26 Prozent im Jahr 1972. Verantwortlich dafür war nicht nur die neue Konkurrenz bei den Kleinwagen. Dank der gestiegenen Einkommen waren die Deutschen auch bereit, mehr Geld für ein größeres Auto auszugeben. Volkswagen hatte lange Zeit keine entsprechende Modellpalette zu bieten, zugleich führten die laufenden technischen Verbesserungen beim Käfer dazu, dass die Profitmargen sanken.

In gewisser Hinsicht schien sich die Geschichte zu wiederholen. Wie schon in der Frühzeit des Automobils war man fixiert auf die technische Qualität der Fahrzeuge statt auf die Bedürfnisse der Käufer. Es war der Blick des Fahrers, der stur auf die Straße vor sich starrte – und nicht auf die Umgebung um ihn herum. Besondere Schwierigkeiten gab es auf dem US-Markt, in den Ende der 1960er Jahre fast 40 Prozent der produzierten Volkswagen gingen. Amerikanische Konsumentenschützer kritisierten unter anderem den unzureichenden Schutz des Lenkers bei Unfällen. Aufgrund strengerer Sicherheitsregelungen musste Volkswagen technische Veränderungen an den Fahrzeugen vornehmen, etwa größere Blinker und klappbare Lenksäulen, was zu steigenden Produktionskosten und sinkenden Gewinnen führte. Umfangreiche Rückrufaktionen wegen Sicherheitsproblemen beschädigten das Qualitätsimage des Herstellers. Nach den Boomjahren des Wirtschaftswunders rutschte Deutschland erstmals wieder in eine Rezession. Der Volkswagen-Absatz in der Bundesrepublik fiel von fast 600 000 im Jahr 1965 auf 370 000 zwei Jahre später. Der Ölpreisschock 1973 und die anschließende Rezession ließen die Autonachfrage schließlich völlig einbrechen. 1974 meldete Volkswagen einen Verlust von 800 Millionen Mark, ein Jahr später kündigte man einen bis dahin unvorstellbaren Personalabbau an. Die Belegschaft sollte von 133 000 auf 25 000 reduziert werden. Der *Spiegel* fragte auf dem Titelblatt: „Massenentlassungen – Millionenverluste – Managementkrise: Was wird aus VW?"[11] Der Artikel zeichnete das Bild eines scheinbar unaufhaltsamen Abstiegs des Unternehmens, das einmal das deutsche Wirtschaftswunder getragen hatte. Volkswagen fiel vom ersten Platz unter deutschen Industrieunternehmen auf Platz 7 zurück. Der *Spiegel* sparte dabei nicht mit scharfer Kritik am früheren VW-Management, namentlich am langjährigen Generaldirektor Heinrich Nordhoff, der 1948 ein „Monopolprodukt" übernommen habe, für das er „nichts weiter zu tun brauchte, als die Produktion anzukurbeln". Statt zukunftsträchtige Automobiltechnik zu kultivieren, habe der einstige VW-Chef einfach nur die „simple Käfer-Monokultur" gepflegt; seine unternehmerischen Einfälle hätten sich beschränkt

„auf die mit sturer Konsequenz verfochtene Ein-Modell-Politik und auf den schnellen Aufbau eines engmaschigen Verkaufs- und Wartungsapparates. Als einziges Auto-Unternehmen der Welt entwickelte VW, zeitweise nach den US-Giganten General Motors und Ford drittgrößter Fahrzeugproduzent überhaupt, in 25 Nachkriegsjahren aus eigener Ingenieursleistung kein einziges komplett neues Automodell. Die Wolfsburger brachten nur Käfer mit etwas anderer Karosserie auf die Straße: Ponton- und Fließheck-Typen mit leicht gestrecktem Chassis, aber gleichem Achsabstand wie der Käfer."[12]

Der letzte Käfer aus Wolfsburg lief 1974 vom Band, zugleich stellte man die Produktion auf das spätere Erfolgsmodell, den *VW Golf*, um. Der *Käfer* wurde fortan bei VW in Mexiko gebaut und ab Mitte der 1980er Jahre gar nicht mehr nach Deutschland ausgeliefert. Er endete Mitte der 1990er Jahre im Supermarkt, erst im Angebot von „Rewe", dann beim Baumarkt „Praktiker"; im Jahr 2003 wurde die Fertigung der Ikone endgültig eingestellt. Das Pendant zum *Käfer* war in gewisser Weise der ostdeutsche *Trabant*, auch wenn es der DDR-Wagen nie zur globalen Ikone, sondern allenfalls zur automobilen Witzfigur gebracht hat

Vernünftige Autos

Das DDR-Regime förderte zwar den öffentlichen Verkehr, ließ aber zugleich die private Motorisierung seiner Bürger zu. Allerdings fuhren *Trabant*, *Wartburg* & Co. dem Westen hoffnungslos hinterher. 1960 gab es in der DDR erst 17 Autos pro tausend Einwohner, in der Bundesrepublik waren es zur gleichen Zeit bereits 78; ein Jahr vor der Wende lag der Fahrzeugstand immerhin schon bei 225 pro 1000 und die Jahresproduktion bei 217 000 Fahrzeugen.[13] An der mangelnden Nachfrage lag es nicht. Auch viele DDR-Bürger träumten, trotz des gut ausgebauten öffentlichen Nahverkehrs, vom eigenen Auto – und Kaufkraft besaßen sie mehr als genug. Doch das Angebot war einfach zu gering, die Wartezeiten zu lang. Die DDR-Bürger sahen das Auto vor allem als Vehikel für den Rückzug ins Private, meint Automobilhistoriker Möser: „Hauptsache, der eigene *Trabi* stand als individuelle Glücksverheißung vor der Tür, was man dann tatsächlich damit anfing, war eine andere Sache."[14] Wie die Japaner fuhren auch die Ostdeutschen wenig mit dem eigenen Auto. In den 1960er Jahren waren die DDR-Volkswagen, der *Trabant* und der *Wartburg*, durchaus technisch konkurrenzfähig mit dem Wesen, die Kunst-

Abb. 7: Trabi-Kolonne nach der Maueröffnung: Symbol eines rückständigen Regimes.

stoffverkleidung des *Trabant* galt in Zeiten der Plastikbegeisterung sogar als innovativ.

Im Grunde entsprach der *Trabant*, gebaut von 1955 bis 1991, der Vorstellung eines „vernünftigen" Autos, von der reparaturfreundlichen Kunststoffkarosserie über den einfachen Aufbau bis zum relativ großen Innenraum. Allerdings verabsäumte die DDR-Führung in den Folgejahren die technische Weiterentwicklung des Wagens; in gewisser Weise ging es dem sozialistischen *Trabi* am Ende so wie Fords *Model T* in den erzkapitalistischen USA: Der *Trabant* war bald hoffnungslos veraltet, ein „Symbol eines rückständigen, innovationsunfähigen Regimes"; insofern ähnelt die Geschichte dem unrühmlichen Niedergang des *VW Käfer* ab den 1960er Jahren. Vor allem in den Augen vieler westlicher Autofahrer war der *Trabi* ein Witz. Ich erinnere mich noch an einen Besuch bei ostdeutschen Verwandten Mitte der 1980er Jahre. Mein Onkel demonstrierte mir stolz, dass der Trabi mehr als 100 Stundenkilometer schaffte, und als ich darauf mit Erstaunen reagierte, war er ziemlich gekränkt. Man kann darüber spekulieren, welchen Anteil die Sehnsucht nach Westautos an der Wende hatte. Tatsache ist jedenfalls, wie Autohistoriker Möser betont, dass die neuen Bundesbürger sehr schnell auf Westautos umstiegen und „in einem heftigen Boom die BRD-Motorisierung nachholten".[15]

Es ist bezeichnend, dass es den Deutschen nach dem Krieg nie gelungen ist, ein wirkliches Billigauto zu realisieren, lieber konzentrierte man sich auf immer leistungsstärkere und teurere Modelle, bis hin zu absurden Superlativ-Geschossen wie dem *Bugatti* mit über 1000 PS. Der Mercedes-Konstrukteur Béla Barényi (1907 – 1997) hingegen, bekannt als Nestor der Fahrsicherheitstechnik, dachte ganz anders. Zeitlebens verfolgte er die Vision eines perfekten Alltagsautos, das vor allem klein, sicher und billig sein sollte. Schon als Student hatte er ein Konzept für einen Kleinwagen entwickelt. In den 1950er Jahren konnte Barényi nachweisen, dass Ferdinand Porsches spätere Konstruktion des

VW Käfer wesentlich auf sein Konzept zurückging, das er jedoch nicht durch Patente abgesichert hatte. In einem Gerichtsverfahren gegen die damalige Volkswagenwerk GmbH wurde schließlich seine Urheberschaft gerichtlich festgestellt. Der reale Volkswagen schien ihm misslungen. Sein eigener K-55-Prototyp hatte ein markantes Flachdach bei größtmöglichem Innenraum. In der Zeitschrift *Automobilindustrie* beschrieb er 1976 „Wege zum ausgewogenen Alltagsauto von morgen." Die Konzepte der Autoindustrie seien drei Jahrzehnte hinter dem Stand der Technik, monierte Barényi:

„Kaum ein Industriezweig ist so abhängig vom Fortschritt in der technischen Entwicklung (...) wie der Automobilbau. Trotzdem haben sich viele Erkenntnisse nur sehr zögernd in die Praxis umgesetzt: Es vergehen oft Jahrzehnte, bis Vorurteile überwunden, fertigungstechnische und kaufmännische Hindernisse, auch Überlegungen aus der Konkurrenzlage, aus dem Wege geräumt sind."[16]

Zu diesen Erkenntnissen gehörten auch Vorschläge für „das richtig gebrauchstüchtige, gegen Bagatellschäden weitgehend unempfindliche, pflegeleichte und reparaturfreundliche wirtschaftliche Alltagsauto." Doch Barényis Idee wurde nie realisiert.

Gegen einen Mythos kommt man mit Fakten schwer an. Das zeigt nicht zuletzt die lange Geschichte der Autokritik auch und gerade in Deutschland. Wütenden Widerstand gab es schon in der Anfangszeit des Automobils, was sich erst in den 1920er Jahren änderte, nicht zuletzt durch die Faszinationskraft des Autorennsports, auch wenn eine Massenverbreitung wie in den USA noch unvorstellbar schien. In den 1950er Jahren wuchs der Fahrzeugbestand dramatisch an. Das eigene Auto galt als wesentlicher Bestandteil eines gelingenden Lebens für den allergrößten Teil der Bevölkerung. Erst Ende der 1960er Jahre gerieten die hohen Unfallzahlen in den Blick, zusammen mit Sicherheitsbedenken von Verbraucherschützern, die schließlich zur Entwicklung von Sicherheitsgurten und Airbags führten. Seit Anfang der 1970er Jahre gab es Klagen über Staus und Luftverschmutzung in den Städten; als Schuldige galten die Autohersteller. Die Veröffentlichung des *Club of Rome*-Berichts, wonach die Erdölressourcen nur noch wenige Jahrzehnte reichen würden, riss auch die deutsche Autoindustrie aus ihrer Lethargie. Die Ölkrise zwang die Hersteller erstmals dazu, alternative Antriebe und Antriebsstoffe zu entwickeln. Doch längerfristig änderte sich wenig. Statt die Mobilität grundsätzlich zu überdenken, machte man im Wesentlichen weiter wie vor der Krise. Einige wenige kultur- und gesellschaftskritische Stimmen, die das Auto vor allem als Teil der Massenkonsumgesellschaft kritisierten, verpufften mehr oder weniger folgenlos. Die Autoindustrie dagegen konnte ihre Umsätze wieder steigern, was bei vielen den Eindruck erweckte, es sei den Herstellern gelungen, alle Probleme zu lösen. So begegnete man der Luftverschmutzung mit Katalysatoren, den hohen Verletztenzahlen mit Sicherheitsgurten, Knautschzonen und Airbags sowie ersten elektronischen Assistenzsystemen wie dem Antiblockiersystem ABS und dem Elektronischen Stabilitätsprogramm ESP. Das Auto schien also technisch gezähmt und optimiert. Es war immer schon die Idee vom technischen Fortschritt, die den deutschen Ingenieur befeuerte – das Ideal, technische Geräte immer besser und zuverlässiger zu machen. Automobiler Fortschritt hieß in Deutschland Optimierung, nicht Disruption. Man entwickelte keine neuen Mobilitätslösungen, sondern verbesserte sukzessive das bewährte Produkt.

Freie Fahrt?

Das Risiko gehörte immer schon zum Autofahren. In der Pionierzeit steigerte es den Nervenkitzel der Fahrer. Die Unfallquoten stiegen rasch an, 1910 gab es in Preußen 223 Tote, 1927 waren es bereits 2376. Doch lange Zeit nahm man die Gefahren des Fahrens nicht wirklich ernst. Noch in den 1920er Jahren kursierten absurde Theorien über den Unfallhergang. So dachte man zum Beispiel, dass ein Aufprall für die Insassen gefahrlos sei, wenn diese sich möglichst fest in den Sitz hineindrückten, am besten unter „gleichzeitigem Festklammern mit den Händen"[17].

Allein zwischen 1950 und 1956 starben 71 000 Menschen auf deutschen Straßen. Der traurige Höhepunkt der Unfallzahlen war 1970 mit über 21 000 Todesopfern erreicht. Seither sind die Todeszahlen stetig zurückgegangen, zuletzt auf 3200 Tote pro Jahr. Die Autoindustrie führt das vor allem auf die gestiegene Sicherheit der Fahrzeuge selbst zurück. Es waren allerdings wieder einmal nicht die Deutschen, von denen die Initiative ausgegangen war. Die automobile Sicherheitsforschung begann in den USA, dabei baute man auf Erfahrungen in der Luftfahrt auf. Sie mündete unter anderem in die Einführung von Zweipunktsicherheitsgurten in den USA. Ab Mitte der 1960er Jahre wurde die automobile Sicherheit auch öffentlich diskutiert. Nach einer Unfallserie stieß der amerikanische Verbraucherschützer Ralph Nader eine Debatte über die Sicherheit amerikanischer Autos an. In seinem Buch *Unsafe at any speed* warf er den US-Konzernen vor, Sicherheitsfragen zu vernachlässigen, ja sogar die Entwicklung sicherer Autos bewusst zu verhindern. In Deutschland kam die Sicherheitsdebatte zu dieser Zeit nicht über Ansätze hinaus. Zwar wurde immer wieder gefordert, auch in deutschen Autos entsprechende Sicherheitsvorrichtungen anzubringen – jedoch lange Zeit ohne großes Echo. Erst 1961 ließ die Bundesregierung die Wirkung von Sicherheitsgurten erforschen. In den 1960er Jahren wurde der Sicherheitsgurt zum Automatikgurt weiterentwickelt, der bei einem Aufprall blockierte. Selbstanlegende Gurtsysteme wie in den USA setzten sich in Deutschland allerdings nicht durch.

Die Kernfrage der Automobil-Politik lautete schon in den 1970er Jahren, wie weit der Staat in die Freiheit der Autofahrer eingreifen darf. So fragte der *Spiegel* 1975 anlässlich der Einführung der Gurtpflicht: „Soll und darf der liberale Staat die Auto-Bürger zum Überleben zwingen? Und wenn schon Frauen der Bauch gehört, gehört dann nicht jedermann Schädel oder Schienbein?"[18] In Deutschland hielt man den Sicherheitsgurt lange Zeit für überflüssig oder sogar gefährlich. Die Gegner fühlten sich durch die Technik eingeschränkt, ja entmündigt. Die Weigerung, den Sicherheitsgurt anzulegen, galt lange Zeit als legitimer Widerstand gegen die staatliche Autorität. Gerade die Debatte um die Gurtpflicht mag aus heutiger Sicht lächerlich erscheinen. Aber darin manifestierte sich der Freiheitswille des deutschen Autofahrers ebenso wie in der Ablehnung eines Tempolimits. Bezeichnenderweise stießen Airbags und Sicherheitspolsterungen auf weniger Akzeptanzprobleme, weil sie in den Augen der Fahrer den Komfort nicht einschränkten, sondern im Gegenteil das Auto noch wohnlicher machten.

Für die deutschen Hersteller war die Fahrzeugsicherheit bis Mitte der 1970er Jahre nur ein untergeordnetes Thema. Dabei hatte Mercedes schon 1959 mit ersten Crashversuchen begonnen, die ein schockierendes Ergebnis lieferten: Bei einem Frontalaufprall mit 50 Stundenkilometern lagen die Überlebenschancen der Insassen praktisch bei Null. Bei Mercedes begann man, sich mit Sicherheitsfragen zu beschäftigen. Der Hersteller setzte das Sicherheitsthema sogar in der Werbung ein. Auf einer Anzeige 1967 war ein Crashtest-Dummy abgebildet, dazu der Text: „Das ist Oskar, Mercedes-Benz-Testfahrer bei Unfallversuchen. Meßgeräte in Kopf und Brust registrieren die Härte des Aufpralls bei einem Zusammenstoß."[19]

Der Mercedes-Ingenieur Béla Barényi entwickelte nicht nur eine Sicherheitslenksäule und Sicherheitslenkräder sowie Polsterungen für den Innenraum, sondern auch die 1951 patentierte „gestaltfeste Fahrgastzelle, umgeben von Knautschzonen vorne und hinten". Das Prinzip beruhte darauf, Bewegungsenergie eines Aufpralls physikalisch in die Verformung des Fahrzeugs umzuwandeln. Nach dem Knautschprinzip mussten der Bug- und Heckbereich verformbar, der Fahrgastraum selbst dagegen sollte so steif wie möglich sein. Die ersten Modelle der S-Klasse wurden mit Fotos der Knautsch-Wirkung beworben. Auf Barényi gehen eine Vielzahl von Sicherheitsfeatures zurück, die in jedem neueren Auto selbstverständlich sind, von versenkbaren Scheibenwischern bis zur Sicherheitslenksäule; insgesamt entwickelte Barényi 2500 Patente.

Die ökologische Kritik am Auto entzündete sich an der Belästigung durch Staub und Abgase. Erst viel später stellte man fest, dass die Auspuffgase schädlich sind. So wie die Sicherheitsproblematik, wurden auch die Umweltfolgen zuerst in den USA wahrgenommen. So hatte man bereits im Zweiten Weltkrieg das Smog-Phänomen entdeckt, das durch Umwandlung von Stickoxiden im Sonnenlicht entsteht. Bereits in den späten 1960er Jahren geriet dort das Auto ins Blickfeld von Umweltschützern. In Deutschland hingegen spielte man die Umweltgefahren durch den Autoverkehr herunter. Noch 1959 sprach Verkehrsminister Seebohm von einer „bedauerlichen Begleiterscheinung der Motorisierung"[20]. Auch die deutschen Umweltschützer richteten sich vor allem gegen die Kernkraft, während sie den Autoverkehr trotz der Kritik des *Club of Rome* weniger ins Visier nahmen. Erst zu Beginn der 1980er Jahre setzte sich auch in Deutschland die Erkenntnis durch, dass der Großteil der Stickoxid- und CO_2-Emissionen auf den Autoverkehr zurückgingen – eine verzögerte Problemwahrnehmung, die vielleicht auch damit zu tun hat, dass die Amerikaner die Nachteile des Autoverkehrs schon früher erlebten, während man in Deutschland noch auf die Massenmotorisierung hoffte.

Seit den 1960er Jahren wurde auch in Deutschland immer wieder über eine einfache Maßnahme diskutiert, um die Unfallzahlen zu reduzieren und den Schadstoffausstoß zu begrenzen – die Einführung von Tempolimits. Das Kernargument ist heute wie damals das gleiche: Wenn der ganze Verkehr langsamer läuft, dann gibt es weniger schwere Unfälle, die Autos verbrauchen weniger Benzin und produzieren damit weniger Abgase und CO_2. Hinzu kam das Ziel, das Verhalten der Autofahrer zu domestizieren und die Raserei auf den Straßen zu stoppen. Die Gegner argumentieren bis heute, dass es ohnehin auf den meisten Strecken Tempolimits gebe, die Autobahnen besonders sichere Straßen seien und die Unfallhäufigkeit nicht mit der Geschwindigkeit zusammenhänge. Die Deutschen akzeptieren ein durchgängiges Tempolimit eben nicht. Alle Argumente in der Tempolimit-Frage sind längst bekannt. Interessanterweise stand im Mittelpunkt der deutschen Debatte immer die Frage der Freiheit. Darf der Staat in die Freiheit des Autofahrers derart massiv eingreifen oder nicht? Die Frage des Tempolimits führte immer wieder zu erbitterten, höchst emotionalen Diskussionen. Der ADAC prägte den Slogan „Freie Fahrt für freie Bürger".

Im Jahr 1973 gab es Fahrverbote und eine vorübergehende Begrenzung auf 80 und 100 Stundenkilometer, und zwar „nicht so sehr, um auf diese Weise Öl zu sparen, sondern um den Leuten klar zu machen, dass von nun an Energie gespart werden muß"[21], wie der damalige Bundeskanzler Helmut Schmidt einmal in einem Interview erklärte. Damals rechneten viele mit der Einführung von Tempolimits, zumal sich gezeigt hatte, dass während der vorübergehenden Geschwindigkeitsbegrenzung die Unfallzahlen außerhalb geschlossener Ortschaften tatsächlich gesunken waren. Aber nach der ADAC-Kampagne „Freie Fahrt für freie Bürger" und einem Hearing beschränkte man sich schließlich auf die Einführung einer Richtgeschwindigkeit von 130 Stundenkilometern. Damals wie heute wagte es niemand, an der Freiheit des deutschen Autorasers zu rütteln. Was Hitler 1934 eingeführt hatte, das gilt heute noch.

Eine Art zu leben

Das Automobil steckt tief in unseren Köpfen. An ihm richten wir unseren Alltag aus, es strukturiert unsere Welt. Das zeigt sich schon darin, wie tief es sich in unseren alltäglichen Sprachgebrauch eingegraben hat. Ständig benutzen wir Metaphern und Bilder, die mit dem Auto zu tun haben: *Die Verhandlungen stecken in einer Sackgasse. Unser Verhältnis ist eine Einbahnstraße. Schalt mal einen Gang runter.*

Autofahren bedeutet mehr als Fortbewegung. Es bedeutet, 300 PS stark zu sein. Es bedeutet Flexibilität und Unabhängigkeit. Es bedeutet vollklimatisierte, schallgedämmte, aufprallgeschützte Geborgenheit. Das ist die Perspektive des Fahrers, des automobilen Subjekts.

Das Automobil ist jedoch nicht einfach nur ein technisches Gerät, ein Objekt. Es bestimmt unsere Gewohnheiten, unseren Alltag, unsere Welt – wie wir einkaufen, die Kinder zur Schule bringen oder Urlaub machen. Das Auto ist Teil unseres Menschseins. Es ist eine „Lebensform", wie es der US-amerikanische Technikphilosoph Langdon Winner nennt.[1] Der Begriff „Lebensform" wurde geprägt von Ludwig Wittgenstein; er meint die unhinterfragten sozialen Praktiken und Verhaltenmuster, nach denen wir unser Leben ausrichten.

Über eine Technologie wie das Auto erfahren wir nach Winner nichts, wenn wir nur seine technische Konstruktion studieren. Was ein Auto wirklich bedeutet, das verstehen wir nur, wenn wir uns ansehen, was wir mit ihm tun – und was es mit uns macht. Und das zeigt sich am besten in Alltagssituationen, wenn verschiedene solcher „Lebensformen" miteinander kollidieren. Ein Autofahrer will aus dem Kreisverkehr abfahren. Da der Verkehr stockt, bleibt er direkt auf dem Fußgängerübergang stehen. Ein Rennradfahrer kommt auf dem Radweg angerast und muss anhalten, da sein Weg vom Auto versperrt ist. Entnervt steigt er ab, schiebt sein Rad hinten um das Auto herum. Im Vorbeigehen schlägt er mit der flachen Hand aufs Heck und ruft dem Fahrer zu: „Idiot!" Der Autofahrer steigt abrupt an Ort und Stelle aus und beginnt, dem Radfahrer unter wüsten Beschimpfungen hinterherzurennen. Der Radfahrer, offensichtlich überrascht, springt schnell auf und verschwindet um die nächste Straßenecke.

Der Machtkampf auf der Straße tobt, zumindest in den Städten, jeden Morgen aufs Neue. Jeder Radfahrer weiß um seine Unterlegenheit gegenüber dem Auto und geht gleichzeitig davon aus, dass die Autofahrer sich dessen ebenso bewusst sind. Das Rad ist das frechere Verkehrsmittel, das sich nicht in die Defensive drängen lassen will. „Der muss doch gucken, bevor er abbiegt", ist ein trotziger Gedanke, während er auf eine Ampel zufährt und den Rechtsabbieger kritisch ins Visier nimmt. Als Autofahrer hingegen ist man schockiert über den Leichtsinn der Radfahrer. „Wieso fährt der denn noch, hier ist doch schon rot?"

Automobile Hybride

Autofahrer, Radfahrer, Fußgänger – die verschiedenen Fortbewegungsarten scheinen, jedenfalls in vielen Situationen, unvereinbar zu sein. Obwohl Menschen, die auf unterschiedliche Art unterwegs sind, die gleiche Sprache sprechen, verstehen sie einander nicht. Der Autofahrer sieht die Welt aus seiner Perspektive, Fußgänger und Radfahrer sehen sie aus ihrer.

Fast überall fahren Menschen mit dem Auto. Doch sie fahren nicht überall gleich. Ihre automobilen Lebensformen unterscheiden sich. Was eine solche Lebensform ausmacht, ist nicht allein die Technik selbst. Dazu gehören auch bestimmte Regeln und Routinen, kulturelle Praktiken, Gewohnheiten. Um das zu verstehen, muss man nur einmal von der deutschen Autobahn auf eine österreichische oder italienische wechseln oder umgekehrt. Auf allen fahren Menschen mit Autos. Und doch wird anders gefahren.

Normalerweise denken wir, dass es allein vom Fahrer selbst abhängt, wie er fährt. Das ist die subjektzentrierte Sicht. Doch es ist eben nicht egal, in was für einem Auto man sitzt. Beim Autofahren läuft eine Art Handlungsprogramm ab, bei dem wir nicht genau sagen können, wer eigentlich agiert. Subjekt und Objekt, Fahrer und Fahrzeug bilden eine Einheit, eine Art Hybridwesen, ein „Quasi-Objekt", wie es der französische Philosoph Bruno Latour nennt.[2] Aber wenn das Autofahren ein solches Handlungsprogramm ist, dann fragt sich, wer oder was dieses Programm geschrieben hat. Eine Technologie wie das Auto ist nicht einfach neutral, meint der US-Technikphilosoph Andrew Feenberg. Nach seiner Theorie enthalten technische Systeme einen „Code", der bestimmte Regeln und Routinen festlegt, in denen sich Werte und Interessen der jeweiligen industriellen Kultur ausdrücken.[3] Das Automobil ist politisch, es hat zu tun mit Macht.

In den technischen Code des deutschen Automobils ist die Fahrerperspektive eingeschrieben. Es ist um den Fahrer herum entwickelt, wie Autoexperte Dudenhöffer sagt. Es geht immer nur um seinen „Fahrspaß", seine Emotionen, seine „Gänsehaut" – um seine Perspektive auf die Welt. So wirbt etwa BMW mit der „Freude am Fahren". Auf der BMW-Website heißt es sogar, man sei „nur einem verpflichtet: dem Fahrer". Wie, nur dem Fahrer? Niemandem sonst? Nicht den anderen Verkehrsteilnehmern? Nicht einmal dem Beifahrer oder den Kindern im Fond?

Die „Fahrerperspektive" des deutschen Automobils drückt sich zunächst in der Technik aus, von der PS-Leistung über die Fahrwerksabstimmung bis zum Head-up-Display. Längst geht es dabei nicht bloß um Hardware wie Auspuff und Zylinderkopf. Per Software lässt sich der technische Code eines Autos heute bis ins feinste Detail justieren, von der Motorsteuerung über Fahrerassistenzsysteme bis zum Klang des Motorengeräuschs. Wenn Andrew Feenbergs These stimmt, dann dienen all diese Eingriffe letztlich dazu, unsere automobile Lebensform und damit die Herrschaft der Automobilindustrie zu verfestigen. Das schlagendste Beispiel, wie sich im „technischen Code" bestimmte Werte und Interessen äußern, lieferte schließlich der Skandal um die Manipulation der Motorsoftware bei Volkswagen, um am Prüfstand niedrigere Abgaswerte vorzutäuschen.

Zum Automobil gehört aber nicht nur die Technik, nicht nur das Fahrzeug selbst, sondern das ganze System, in dem es sich bewegt. Ein 500-PS-Sportwagen in einem Land ohne Tempolimit ist ontologisch nicht das gleiche wie ein identisches Fahrzeug in einem Land, in dem überall Tempo 80 gilt. Dabei geht es nicht unbedingt darum, den Wegen wirklich „auszufahren". Entscheidend ist die Potenzialität: dass man es könnte, wenn man es wollte.

Die Perspektive der deutschen Automobilindustrie – das ist immer noch die alte Fahrerperspektive auf die Welt. „Die Geisteshaltung, die sogenannten Mind Sets der Branche, sind geprägt vom Gerät Automobil, der technische Blick dominiert", schreiben Weert Canzler und Andreas Knie: „Die Sicht auf die Welt und auf die Lösung der Probleme der Welt vollzieht sich immer aus und um das Auto herum."[4]

Es geht ums Fahren um des Fahrens willen. Das Ergebnis ist eine Welt, die auf diese Fahrerperspektive zugeschnitten ist – ein autopoietisches, sich selbst knüpfendes Netzwerk aus gegenseitigen Abhängigkeiten, vom Straßenbau über Tankstellen bis zur Versicherungswirtschaft. Wir können uns deshalb so schwer vom Auto trennen, weil sich die automobile Lebensform immer wieder selbst reproduziert. Die Herrschaft des deutschen Automobil-Systems ist heute praktisch total, sie reicht von der direkten politischen Verflechtung, siehe Volkswagen, über die Lobbyarbeit der Konzerne bis zum ADAC, dem größten europäischen Verkehrsclub.

Der Münchner Philosoph (und VW-Kleinaktionär) Julian Nida-Rümelin vermutete in einem Interview mit dem *Handelsblatt* einmal eine „ethische Verlotterung" bei den Automobilkonzernen. In den Konzernen habe sich möglicherweise die Einstellung verbreitet, man müsse sich um Normen nicht mehr kümmern, weil man für die deutsche Wirtschaft „eine derart zentrale Rolle" spiele.[5] Nida-Rümelins moralische Kritik mag zutreffen. Doch wer den Automobilskandal auf seine moralische Dimension reduziert, der verfehlt damit womöglich das eigentliche Problem. Das Problem der deutschen Autoindustrie liegt in der Krise der automobilen Lebensform – in der Krise der Fahrerperspektive, der es um das Fahren um des Fahrens willen geht.

Wer eine Sache nur um ihrer selbst willen tut, der erlebt zwar vielleicht Freude oder sogar einen „Flow"-Zustand, in dem er ganz in seiner Tätigkeit aufgeht. Eben dadurch läuft er aber auch Gefahr, alles andere aus dem Blick zu verlieren, nicht mehr nach links oder rechts zu schauen; in der Psychologie nennt man das den „Tunnelblick". Aber was genau ist es, was uns beim Fahren so „Spaß" macht? Was macht die Fahrerperspektive aus?

Autofahren hat bekanntlich mit Emotionen zu tun. Menschen am Steuer verfallen gelegentlich in Rauschzustände. Manchen bereitet es Freude, einen anderen zu überholen. Und es macht wütend, wenn jemand an der Kreuzung nicht schnell genug losfährt. Im Fahren leben Menschen ihre Aggressionen aus, man kann seine Persönlichkeit, seine Gefühle und Stimmungen ausdrücken, indem man entsprechend fährt – zum Beispiel egozentrisch und aggressiv oder eher defensiv und gelassen. „Auto bedeutet für viele mehr, als nur von A nach B zu fahren", schreibt Autoexperte Dudenhöffer:

„Mehr als fünfzig Prozent der Kaufentscheidungen werden emotional getroffen: weil wir mit dem Auto ein bestimmtes Lebensgefühl ausdrücken, uns in der Bewunderung – oder dem Neid – des Umfelds sonnen wollen. Sprich, das Auto ist ein Statussymbol."[6]

Mit Hilfe von funktioneller Magnetresonanztomografie untersuchten Neurowissenschaftler einmal, wie Sportautos auf die Belohnungskreisläufe im Gehirn wirken.[7] In ihrer Untersuchung zeigten sie zwölf Probanden Fotos verschiedener Fahrzeugklassen, vom Kleinwagen bis zum Sportwagen. Die Versuchspersonen bewerteten die Bilder der Sportwagen nicht nur als attraktiver. Unter dem Hirnscanner zeigte sich auch, dass die Bilder der Sportautos stärker als jene anderer Fahrzeugklassen bestimmte Belohnungskreisläufe im Gehirn aktivierten, die mit Lustgefühlen und positiven Emotionen zu tun haben. Die Forscher vermuteten, dass Sportautos positive Emotionen auslösen, weil sie soziale Dominanz signalisieren, ähnlich wie eine Pfauenschleppe im Tierreich, die eigentlich auch keinen unmittelbaren Überlebenswert hat.

Die Maske des Fahrers

Fahrspaß hat nicht nur zu tun mit dem Adrenalinkick beim Beschleunigen, mit dem berühmten Kribbeln im Bauch. Sicher geht es um den Rausch der Geschwindigkeit. Aber es geht auch um Überlegenheit und Macht. Der schnelle Fahrer kann seinen Willen gegen den anderen durchsetzen. Er kann den Langsameren bedrängen, ihn erschrecken und bedrohen. Macht ist Potenz, ein Können, ein Vermögen. Man könnte sagen, automobile Macht ist eine Frage der PS. Der Sportwagen kann, wenn der Fahrer es will. Wenn von hinten ein Porsche heranrast, kann man ausweichen oder eben trotzig auf seiner Spur bleiben. Eine Drohung muss nicht wahrgemacht werden, um dennoch wirksam zu sein. Die Perfektion von Macht, sagt Michel Foucault, vermag „ihre tatsächliche Ausübung überflüssig zu machen"[8].

Der Mächtigere, der Leistungsstärkere kann drohen, indem er den anderen vor die Alternative stellt, sich zu unterwerfen oder nicht. Nur selten wird der Schnellere den Langsamen tatsächlich von der Straße drängen. Meist reicht schon die glaubwürdige Drohung, dass er es könnte, wenn er nur wollte. Nur Verrückte und Kriminelle üben unmittelbare physische Gewalt auf der Straße aus. Als Sportwagenfahrer genoss ich es, auf der Überholspur demonstrativ Abstand zu halten und einfach zu warten, bis der Vordermann realisierte, wen er da hinter sich hatte – und sich schließlich freiwillig unterwarf.

Die deutschen Autobahnen bieten nicht einfach nur Freiheit, sondern einen Raum der uneingeschränkten Machtentfaltung. Es sind die schnelleren, die stärkeren Autos, die den Respekt der anderen erzwingen. Es umgibt sie ein bestimmtes Ansehen, eine Wirkung – ein „Nimbus", wie Helmuth Plessner es nennt.[9] Was den Nimbus sichert, das ist das automobile Prestige. Etymologisch bedeutet Prestige eigentlich eine Gaukelei, Blendwerk oder Zauber. Das „Prestige" eines Menschen gaukelt uns etwas vor, nämlich Autorität und Überlegenheit. Wer „Prestige" hat, an dem trauen wir uns nicht so leicht vorbei, erst recht nicht auf der Autobahn. Prestige ist etwas Irreales. Nach Plessner muss es daher als Macht erscheinen, dazu gehören aber die entsprechenden Mittel. „Prestige" hat jemand aufgrund der Taten und Werke, die er vollbracht hat. In der deutschen Autofahrer-Sprache gibt es den Begriff des „Überholprestige", der so etwas wie die Autorität eines Autos auf der Straße meint. Überholprestige hat ein Auto dann, wenn die anderen freiwillig ausweichen, weil sie die Überlegenheit anerkennen.

Überholprestige bedeutet Drohpotenzial, und damit Macht; das hat derjenige, der schon aus der Entfernung als der Schnellere und Stärkere zu erkennen ist. Dabei geht es nicht nur um Leistung und Geschwindigkeit. Schon die aggressive „Mimik" eines Autos signalisiert den anderen, dass sie gefälligst Platz zu machen haben. Das Überholprestige muss sich also schon im Rückspiegel des Vordermanns unmissverständlich zeigen. Deutsche Autokäufer, jedenfalls in der Premiumklasse, bezahlen nicht bloß für Leistung und Ausstattung, sondern auch fürs Überholprestige, das zum Beispiel im Design der Autofront zum Ausdruck kommt, vom „Falkenblick" der Scheinwerfer bis zu senkrechten Kühlerrippen, die gefletschten Zähnen ähneln. Auf dem Automobilmarkt sind gerade nicht die originellen Modelle besonders erfolgreich, sondern vor allem jene, die mit besonderen Leistungswerten bestechen. „Eine der wesentlichen Maßgrößen ist die Motorleistung. Fast immer gilt hier: je mehr, desto besser." Seit Jahrzehnten konkurrieren die Hersteller um die PS-Leistung: „Alle laufen in eine Richtung und die heißt: noch sportlicher, noch agiler."[10] Ein Auto wird in der Regel nicht deshalb gekauft, weil es ein außergewöhnliches Design hat, sondern weil es eben technisch möglichst weit vorne ist. Seit Jahren steigt die durchschnittliche Leistung kontinuierlich an. Neuwagen haben heute im Schnitt 153 PS, gegenüber 95 PS im Jahr 1995. Der Kleinstwagen *Opel Adam* bietet heute die gleiche Beschleunigung wie ein *Porsche 911* aus dem Jahr 1963. Ginge es bloß darum, mit dem Auto einkaufen zu fahren, bräuchte man weder hohe Leistung noch ein Sportfahrwerk. Aus Sicht der Hersteller ist es nicht bloß der Ingenieursehrgeiz, der die Leistung der Fahrzeuge – und damit tendenziell auch den Kraftstoffverbrauch – in die Höhe treibt. Es sind die Kunden selbst, die immer mehr PS wollen, und sei es nur, um mit den anderen im täglichen Wettbewerb auf der Straße mithalten zu können.

Leistung, Sportfahrwerk, Beschleunigung und Höchstgeschwindigkeit – das sind die Attribute, auf die es wirklich ankommt. Die deutsche Fahrerperspektive kommt nirgendwo deutlicher zum Ausdruck. Mein erstes Auto (ein *Honda Civic*) hatte 90 PS. Ich erinnere mich noch sehr gut daran, wie es war, als ich im Zuge meines Umzugs von Wien nach Hamburg mit dem Wagen zum ersten Mal auf die deutsche Autobahn auffuhr. Mit dem Auto wagte ich es kaum je, die linke Spur zu benutzen. Doch was die deutsche Fahrerperspektive ausmacht, das ist nicht nur die Tendenz zur Raserei.

Die Rolle des Nimbus bei Plessner ist es, die Person zu schützen, indem er sie mit einem Unwirklichen umgibt, mit einem Zauber – mit etwas, das wirkt, ohne da zu sein. In der Gesellschaft kann der Mensch nicht einfach das sein, was er ist. Er muss sich maskieren, eine Rolle spielen, um „die Aufmerksamkeit auf sich zu lenken und sich die Achtung der anderen zu erzwingen."[11] Damit verzichtet er darauf, als Individuum beachtet zu werden; er verschwindet gleichsam als Person. Der Nimbus schafft seinem Träger damit zugleich Maske und Gesicht. Das Auto ist auch eine Maske, eine Rüstung, die den Fahrer unangreifbar macht. Es schützt nach innen und wirkt nach außen. Wer am Steuer sitzt, bewegt sich in der Öffentlichkeit. Das Auto verhüllt den Menschen am Steuer, aber es verhüllt seine Person nie ganz. Der Autofahrer, so könnte man im Sinne Plessners sagen, spielt eine Rolle, er gibt vor, etwas zu sein. Auf diese Weise kann er die Aufmerksamkeit anderer auf sich ziehen, durch sein Auto selbst, durch seinen Fahrstil, durch hohe Geschwindigkeit – eben durch sein Überholprestige. Als Autofahrer werden wir gleichsam gesehen, ohne gesehen zu werden. Der Panzer um uns herum schützt uns nicht nur physisch. Er schützt uns auch davor, von anderen lächerlich gemacht oder gedemütigt zu werden. Der Autofahrer kann sich in der Öffentlichkeit bewegen, zu anderen in Beziehung treten, ohne sich zu exponieren. Das Auto als Maske schafft mithin eine stellvertretende Bedeutung. Der Autofahrer muss nicht direkt mit anderen kommunizieren, er tritt sozusagen getarnt auf. Das schafft Unangreifbarkeit und Distanz.

Am Steuer verhalten sich Menschen oft ganz anders als im normalen Leben. Da verwandeln sich gelassene Naturen in wütende Berserker, brave Bürger in Kampfpiloten, die mit drohend blinkender Lichthupe wie Geschosse über den Asphalt donnern. Das Auto kann zum „Gesicht" eines Menschen werden, gerade, indem es ihn als Person verhüllt. Der Fußgänger kann jederzeit von anderen als Person verletzt und gedemütigt werden. Der Autolenker hingegen geht in seiner Rolle, in seiner Maske, auf. Er tritt nicht auf als das Individuum, das er „wirklich" ist, sondern als Fahrer eines BMW, eines Audi oder Mercedes. Wenn sich jemand am Steuer rücksichtslos verhält oder einen Fahrfehler macht, dann sehen wir ihn zumeist nicht unmittelbar. Und auch der andere kann nicht sehen oder hören, wie wir über ihn fluchen, wie wir ihn oder sie wegen ihrer Inkompetenz verspotten.

Das Auto entpersönlicht unsere Beziehungen, es schafft Distanz. Die Abstandsregel im Straßenverkehr dient nicht nur der Sicherheit, sondern auch der Verklärung – und damit eben dem Nimbus des Automobils. Der Autofahrer verzichtet darauf, als Individuum beachtet zu werden, dafür bekommt er den Respekt anderer – und sei es nur für die 250 Stundenkilometer, die sein Auto auf die Straße bringt.

„Die Gesellschaft lebt allein vom Geist des Spieles. Sie spielt die Spiele der Unerbittlichkeit und die der Freude, denn in nichts kann der Mensch seine Freiheit reiner beweisen als in der Distanz zu sich selbst."[12]

Das Deutsche am deutschen Fahrer ist jedoch, dass er nicht spielen will. Es geht ihm nicht um die Distanz von sich selbst, sondern um die Distanz zu den anderen. Eben deshalb bringen es die deutschen Fahrer nicht zur „Sachgemeinschaft", in der es um einen gemeinsamen Wert geht, nämlich das Vorankommen. Eben das Gemeinsame ist es, das alle voneinander trennt. Es geht um einen Wettbewerb, und dabei geht es vielen darum, einfach zu gewinnen. Das zeigt sich nicht zuletzt in Situationen, in denen keiner so richtig vorankommt, im dichten Verkehr oder im Stau, etwa wenn Fahrer den Standstreifen nutzen, um am Stau vorbeizukommen. Das Autofahren verbindet uns nicht mit den anderen, es integriert nicht, sondern es spaltet.

Jeder kennt die Situation im Zugabteil, wenn sich plötzlich eine Art von vorübergehender Gemeinschaft bildet – eine Art „Wir". Ein solches „Wir" gibt es unter Autofahrern paradoxerweise nur, wenn keiner fährt, weil alle „gemeinsam" im Stau stehen und „gemeinsam" schimpfen und fluchen. Der Stau egalisiert das Autofahren allerdings nur scheinbar. Zwar stehen alle gleichermaßen im Stau, der Porsche wie der Dacia. Aber die einen haben ein ordentliches Soundsystem und die anderen nicht. Und das „Überholpestige" eines Sportwagens wirkt auch, wenn er genausowenig vorankommt wie alle anderen.

Auf der normalen Fahrt gibt es kein „Wir". Zu peripher sind die Begegnungen zwischen den Fahrern. Wer den anderen nur eine Sekunde lang beim Überholen sieht, wird keine Beziehung zu ihm aufbauen. Und im Falle eines Fehlverhaltens muss er auch nicht fürchten, dass ihn der andere zur Rede stellt. Im Regelfall gibt es keine zweite Begegnung. Ich habe mir einmal vorgestellt, wie es sich auf das Verhalten der Autofahrer auswirken würde, wenn eine direkte verbale Kommunikation von Fahrzeug zu Fahrzeug möglich wäre, man etwa dem Hintermann via Projektion in die Heckscheibe eine Botschaft übermitteln könnte. Man könnte sich also mit dem anderen Fahrer während der Fahrt unterhalten. Heute denke ich, dass das keine so gute Idee war. Der psychologische Witz am Autofahren ist ja, dass jeder hinterm Steuer zum wütenden Kleinkind oder Rambo regredieren kann, ohne dass er sich dafür von Angesicht zu Angesicht rechtfertigen muss. Nicht auszudenken, welche Folgen es für den Verkehr hätte, wenn diese „Maske" fiele – und jeder sich gegenüber dem anderen direkt verantworten müsste. Vielleicht hätte es eine disziplinierende Wirkung. Vermutlich würde es aber eher dazu führen, dass die Fahrer einander verbal beschimpfen, statt nur im Vorbeifahren den Stinkefinger zu zeigen. Das Auto ist nicht nur ein gefährliches Geschoss. Die Fahrerperspektive ist eine Ego-Kapsel, aus der heraus der Fahrer die Welt sieht. Das Auto ist eine Art Wohnzimmer auf Rädern. Hier können wir uns in der Öffentlichkeit bewegen – und zugleich ganz privat bleiben. Das Auto schützt vor Zudringlichkeiten, vor Lauschern und neugierigen Blicken. Die Privatsphäre sei die „Zitadelle der persönlichen Freiheit", schreibt der Soziologe Wolfgang Sofsky.[13] Insofern ist das Auto Selbsterweiterung und Rückzugsraum zugleich. Es ist dieser Doppelcharakter, der das deutsche Fahren ausmacht: Man bewegt sich fort und bleibt dennoch daheim. Man kann nicht nur so schnell fahren, sondern auch so laut fluchen und schimpfen, wie man will.

Zur bewegten Privatheit des Automobils gehört auch die Möglichkeit, im Auto ungestörten Sex zu haben, und zwar womöglich während der Fahrt. Das ist nicht nur ein ontologischer Vorteil gegenüber allen anderen Verkehrsmitteln, sofern man von den Waschräumen in Bahn oder Flugzeug absieht. Es scheint auch ein besonderer Reiz darin zu liegen, wenn man einschlägigen Berichten glauben will. Sex während der Fahrt scheint mir philosophisch besonders interessant, weil die narzisstische Fahrerperspektive gewissermaßen verschmilzt mit der Perspektive des sexuellen Subjekts. Wer gleichzeitig lenkt und Sex hat, erlebt gewissermaßen eine doppelte Lust, einen doppelten Verkehr (oder natürlich gar keinen) – verbunden mit dem besonderen Thrill, womöglich mitten im Orgasmus gegen einen Baum zu fahren. Einer eher soziologischen Betrachtung wert wäre in dieser Hinsicht sicherlich auch das deutsche Parkplatzgeschehen, das ebenso zur automobilen Lebensform gehört, zur Fahrerperspektive, auch wenn in diesem Falle nicht gefahren wird.

Wie sehr Autofahrer ihren Wagen als Privatraum betrachten, zeigt allerdings nicht nur die sexuelle Nutzung, sondern auch die Tatsache, dass sie so viel Geld für die Innenausstattung ausgeben. Und kaum zufällig lassen 62 Prozent der Deutschen andere nur ungern mit dem eigenen Auto fahren,[14] was sich allerdings auch daraus erklären ließe, dass sich die Deutschen eben in besonderer Weise um ihr Auto sorgen.

Der Fahrer will so fahren können, wie er fahren will, und zwar möglichst störungsfrei. Jedes „Verkehrshindernis" schränkt gleichsam seine Freiheit ein. Die Fahrerperspektive kennt nur das Vorankommen. Der Fahrer schaut nach vorn. In den Rück- und Seitenspiegel schaut er nur, um sich zu vergewissern, dass ihm keiner in die Quere kommt. Das Fahren gibt das Gefühl von Selbstbestimmung per Tritt aufs Gaspedal. Ein leistungsstarkes Auto gibt dem Fahrer das Gefühl, dass er kann, wenn er will. Das gilt natürlich für jedes andere Land ebenso wie für Deutschland. In einem Land mit strikten Geschwindigkeitsbegrenzungen wie in den USA ist Fahrleistung allerdings eher theoretisch. In Deutschland dagegen kann der Fahrer die Leistung seines Fahrzeugs nicht bloß theoretisch ausnutzen. Er kann auch ganz praktisch so schnell fahren wie er will – das macht einen entscheidenden Unterschied.

Beim Fahren haben wir oft das Gefühl, im rechtsfreien Raum zu agieren. Wer auf der Autobahn drängelt oder sich sonstwie danebenbenimmt, kann in der Regel damit rechnen, ungestraft davonzukommen. Im Zweifel machen Autofahrer Konflikte untereinander aus, in der Hoffnung, dass man sich am nächsten Parkplatz nicht doch wieder begegnet. Normen und Regeln im Straßenverkehr leben davon, dass man sie jederzeit übertreten kann. Man muss keine Konsequenzen fürchten. Gerade in einem Land ohne durchgängiges Geschwindigkeitslimit ist es wichtig, dass es auch streckenweise Begrenzungen gibt, gegen die der Fahrer dann lustvoll verstoßen kann. Stellen wir uns vor, dass etwa eine rote Ampel nicht einfach nur ein normatives Signal wäre, sondern jeden automatisch zum Stillstand brächte. Es wäre dann keine Norm wäre, sondern Zwang – und damit das, was der deutsche Autofahrer am wenigsten akzeptiert. Kaum zufällig haben sich selbstanlegende Sicherheitsgurte in Deutschland nicht durchgesetzt. Zur deutschen Fahrerperspektive gehört es, wenigstens gelegentlich die Regeln zu brechen, einfach, weil man es will und kann. Es geht um die Freiheit des Fahrens. Ein Bußgeldbescheid fürs Schnellfahren ist eine Art Potenz-Attest – der sinnfällige Beweis dafür, dass das Auto mehr kann, als die Polizei erlaubt. Als besonders heroisch gilt allerdings der Schnellfahrer, der auch listig genug ist, sich nicht erwischen zu lassen, weil er dank seiner Radarwarn-App immer genau weiß, wo er vom Gas steigen muss.

Interessanterweise brechen die Deutschen beim Autofahren gern die Regeln, obwohl sie sich in anderen Bereichen eher daran halten. Bei Verkehrsübertretungen ist es ähnlich wie bei der Steuer. Mal um 20 km/h zu schnell, im Halteverbot parken und ähnliches, das liegt für viele auf der gleichen Ebene wie die Essenseinladung für Freunde, die man als Bewirtungskosten beim Finanzamt einreicht – dafür bezahlt man in Deutschland zwar ein Bußgeld, muss aber nicht die moralische Missbilligung durch andere befürchten.

Die Fahrerperspektive ist die Perspektive des heroischen Subjekts, das von der Vorstellung ausgeht, alles im Griff zu haben. Ein guter, erfahrener Fahrer fährt bekanntlich vorausschauend; er reagiert also nicht bloß, sondern antizipiert Gefahren und stellt sich darauf ein. Zum Beispiel ahnt er schon im Voraus, wenn ein Lastwagen zum Überholmanöver ansetzt. Der heroische Fahrer vertraut im Zweifel auf seine Fähigkeiten, etwa auf seine Reaktionsschnelligkeit im Ernstfall. Er geht davon aus, dass er jedes Problem lösen kann. In gewisser Weise ähnelt der heroische Fahrer dem alten Führungsmodell im Unternehmen. Der „heroische" Manager macht einen Plan und löst alle Probleme, die seinem Plan zuwiderlaufen. Der heroische Autofahrer geht ebenfalls von der Vorstellung aus, dass er die Dinge unter Kontrolle hat. Nichts kann ihn daran hindern, sein Ziel zu erreichen. Umso wütender ist er dann, wenn er im nächsten Stau steht.

Fahren bedeutet allerdings mehr als einfach nur aufs Gas zu steigen. Die Fahrerperspektive ist zwar eine subjektive. Aber der Fahrer ist zumeist nicht allein auf der Straße. Autofahren im Alltag heißt, sich in einem komplexen Verkehrsgeschehen zu bewegen. Man weiß nicht sicher, was der andere macht. Man muss immer damit rechnen, dass der andere gerade nicht aufpasst, dass er etwas Unerwartetes tut und womöglich gegen die Verkehrsregeln verstößt. Zur Fahrerperspektive gehört nicht nur das Fahren selbst. Dazu gehören auch alle Praktiken, die mit dem Auto zu tun haben, vom Tanken bis zur Parkplatzsuche. Wer einen Parkplatz für sein Auto braucht, wird seine Wohngegend mit anderen Augen sehen. In Hamburg lebte ich eine Zeitlang in einer eigentlich sehr schönen Gegend an der Alster. Nur gab es leider keine Parkplätze, und wenn man nach einer Stunde Suche endlich doch einen gefunden hatte, dann traute man sich kaum mehr wegzufahren. Aus meiner Fahrerperspektive war die Gegend eine einzige Katastrophe.

Das Navigationssystem verändert nicht nur im Auto den Orientierungssinn. Immer mehr Menschen benutzen es auch, um sich zu Fuß zu orientieren. Das bringt zum einen die Sicherheit, sich nicht mehr zu verlaufen. Aber die Navigation nimmt uns auch das Überraschende und Unerwartete.

> „Den leuchtenden Bildschirm des Navigationsgeräts vor Augen wird die Stadt leicht zur bloßen Transitstrecke. [...] Ein Umwegemachen, ein freies Umherschweifen, sich Treibenlassen kennt das Programm nicht. Es rationalisiert die Erfahrung des Urbanen."[15]

Die Navigation ermöglicht uns Autonomie, zugleich nimmt sie uns die Selbstständigkeit. In gewisser Weise ersetzt die Navigation die Fahrerperspektive. Man schaut nicht mehr nach links und rechts, sondern folgt den Pfeilen auf dem Bildschirm. Man „fährt" gleichsam, ohne zu fahren.

Die Fahrerperspektive, so möchte ich behaupten, ist nicht an das Automobil gebunden. Das Auto ist nur ihre Manifestation. Man kann die Fahrerperspektive auch als Radfahrer oder Fußgänger haben, am Arbeitsplatz oder in privaten Beziehungen. Die Fahrerperspektive einnehmen heißt, sich nur aufs eigene Vorankommen zu konzentrieren, nicht auf die Umgebung zu achten – gefangen zu sein in sich selbst. Insofern ist sie eine narzisstische Perspektive, in der es immer nur oder vor allem um die eigene Grandiosität geht – um das eigene Kribbeln im Bauch, um den „Flow", um die jeweilige Tätigkeit selbst, in der man gerade aufgeht. Es fehlt der Fahrerperspektive an Empathie, weil sie nichts um sich herum wahrnimmt, weil sie eben so aufs Fahren fixiert ist.

Aus der Verkehrspsychologie weiß man heute, welche Faktoren das Fahrverhalten beeinflussen – und welchen Täuschungen und Verzerrungen selbst gute Fahrer oft unterliegen. Zum Beispiel erkennen wir selbst nicht, wenn wir im Auto aggressiv werden. Im normalen Alltagsleben würden wir wohl niemals jemanden, der in einer Schlange vor uns steht, von hinten bedrängen. Im Autoverkehr kennt jeder die Erfahrung, wie einem der Hintermann zu dicht auffährt – wenn man es nicht sogar gelegentlich selbst tut.

Mit der Zeit lernen wir, das Verhalten anderer Fahrer vorherzusagen, was dazu führen kann, dass wir etwa die Bremsdistanz falsch einschätzen. Wir glauben, dass wir alles um uns herum sehen, und neigen dazu, andere Fahrer nach ihrem sozialen Status zu beurteilen, zum Beispiel nach der Automarke; wir schreiben unsere eigenen Fehler anderen zu und überschätzen unsere eigenen Fähigkeiten. Und schließlich glauben die meisten Autofahrer, dass sie besser fahren als der Durchschnitt, obwohl das statistisch gesehen ziemlich unwahrscheinlich ist.

Autofahren ist eine höchst komplexe Tätigkeit. Gemessen daran ist es eigentlich erstaunlich, dass nicht wesentlich mehr Unfälle passieren. Die Gründe liegen in gut ausgebauten Straßen, in den Verkehrsregeln – und den Fähigkeiten des menschlichen Gehirns, das offenbar dazu in der Lage ist, auch komplexe Fahrsituationen einigermaßen einzuschätzen.

Wir haben das Autofahren weitgehend automatisiert – zum Glück, denn wir könnten gar nicht gut und sicher fahren, wenn wir jedes Mal darüber nachdenken müssten, ob man erst kuppelt und dann schaltet oder umgekehrt. Autofahren ist eine Routine, eine Gewohnheit. Eben das lässt uns vergessen, dass es auch eine Lebensform ist – eine bestimmte Perspektive auf die Welt, eben die Fahrerperspektive. Wir erobern die Autobahn – und dabei verlieren wir die Welt.

Kapitel 5

Wir Kentauren

Das Auto kann vieles sein, und oft ist es alles zugleich. Es ist Lustobjekt, Designikone, Statussymbol, materialisierte Freiheit und vieles mehr. Das Auto transportiert Bedeutungen und kulturelle Codes, es steht für einen bestimmten Lebensstil, für Coolness oder einfach nur für Testosteron. Im Auto kristallieren sich „Lebensentwürfe und Weltbilder, Bedürfnisse und Hoffnungen, die dem technischen Gerät eine kulturelle Bedeutung aufprägen."[1]

Autofahren heißt nicht einfach nur, ein technisches Gerät zu bedienen. Es gehört zu unserem Leben fast wie Atmen, Gehen und Sex haben. Das Auto ist zu einer nahtlosen Extension des Fahrers geworden. Kein Wunder, dass manche Autofahrer ihre Gefährte beinahe so lieben wie ihre Körperteile, und dass die Drohung, sie ihnen wegzunehmen, fast wirkt wie die Ankündigung einer Amputation.

Der Technikphilosoph Ernst Kapp (1808 – 1896) prägte den Begriff der „Organprojektion"[2], worunter er das Konstruieren von technischen Geräten als Extension oder Erweiterung des menschlichen Körpers verstand. So sah er im Hammer eine Nachbildung der Faust, im Fotoapparat die Projektion eines menschlichen Auges, im Eisenbahnnetz eine Projektion des Blutkreislaufs. Auch das Auto kann man in diesem Sinne als Projektion oder Prothese des Menschen interpretieren; einige Autohasser könnten vermutlich der These etwas abgewinnen, das Auto sei die Verlängerung des männlichen Geschlechtsorgans.

Siegmund Freud schreibt in *Das Unbehagen in der Kultur*:

„Mit all seinen Werkzeugen vervollkommnet der Mensch
seine Organe – die motorischen wie die sensorischen –
oder räumt die Schranken für ihre Leistung weg [...] Die
Motoren stellen ihm riesige Kräfte zur Verfügung, die er
wie seine Muskeln in beliebige Richtungen schicken kann,
das Schiff und das Flugzeug machen, daß weder Wasser
noch Luft seine Fortbewegung hindern können."

Nach Freud haben wir einst den Göttern Allmacht und Allwissenheit zugeschrieben, doch der moderne Mensch habe sich diesem Ideal immer mehr angenähert:

„Der Mensch ist sozusagen eine Art Prothesengott geworden, recht großartig, wenn er alle seine Hilfsorgane anlegt,
aber sie sind nicht mit ihm verwachsen und machen ihm
gelegentlich noch viel zu schaffen."[3]

Ähnliche Prothesentheorien vertrat etwa der Anthropologe Arnold Gehlen. Doch der Prothesen-Ansatz hat mit Kapps Organprojektion wenig zu tun. Während die Prothesentheorie von einer Mangelhaftigkeit des menschlichen Körpers ausgeht, also vom „Mängelwesen Mensch", gründet sie bei Kapp gerade in der Vollkommenheit des Körpers. Der Begriff „Prothese" scheint mir allerdings nicht adäquat zu sein, um die Bedeutung des Automobils zu verstehen. Bei einer Prothese handelt es sich um den künstlichen Ersatz eines fehlenden Körperteils. Zwar könnte man sagen, dass das Auto in gewisser Weise die Beine ersetzt oder vielmehr verstärkt, in Form des Pedaltritts. Aber das würde bedeuten, das Auto auf ein reines Mittel zur Fortbewegung zu reduzieren. Tatsächlich ist es aber viel mehr als das. Ich halte es für sinnvoller, statt von einer „Prothese" von einer „Erweite-

rung" zu sprechen. Aber was genau „erweitert" das Auto? Meine
These lautet: Das Auto erweitert unser Selbst, es verlängert die
Person. Das zeigt sich schon im Sprachgebrauch. Ganz selbstverständlich sagen wir Sätze wie „Ich stehe da drüben", wenn wir eigentlich das Fahrzeug meinen.

Der Begriff „Selbsterweiterung" führt in gewisse philosophische Verwicklungen, die mit der Frage zu tun haben, was dieses
Selbst oder Ich sein soll – und in welchem Sinne man überhaupt
sinnvoll davon sprechen kann. Meine simple Antwort ist: Das
„Selbst", welches das Auto erweitert, ist einfach der Fahrer – also
derjenige, der hinterm Steuer sitzt. Nun meine ich damit allerdings keinen „Geist", der sein Auto lediglich als Werkzeug benutzt, um damit von A nach B zu kommen. Der Fahrer und sein
Fahrzeug interagieren vielmehr miteinander, sie bilden eine Einheit, die wiederum Teil der Umwelt ist – eben den „Autofahrer",
der Gas gibt und bremst, überholt und so weiter. Das entspricht
unserer alltäglichen Erfahrung beim Fahren. Wenn wir längere
Zeit fahren, dann scheinen die Grenzen zwischen uns und dem
Fahrzeug zu verschwimmen. Wir haben fast das Gefühl, als gehöre das Auto zu unserem Leib. Ganz selbstverständlich denken wir,
dass wir es sind, die fahren – obwohl es eigentlich das Auto ist.

Das gilt erst recht natürlich für das hochgradig elektronisch
vernetzte heutige Automobil. In jedem modernen Auto selbstverständlich ist etwa das Elektronische Stabilitätsprogramm ESP, das
instabiles Fahrverhalten, vor allem Schleudern, verhindern soll.
Das Steuergerät bekommt dabei von mehreren Sensoren Informationen, wie den Lenkradwinkel, das Antriebsmoment oder die
Raddrehzahl. Aus diesen Inputs ermittelt das System eine Art Pro-
gnose für die Absicht des Fahrers. Zugleich schätzt das ESP das
tatsächliche Fahrverhalten ein, aus der Abweichung zwischen Soll-
und Istverhalten ermittelt das System dann eine entsprechende
Fahrkorrektur, wie etwa das Bremsen einer Fahrzeugseite, um das
Fahrzeug wieder zu stabilisieren.

Technisch hochentwickelte Autos haben heute diverse Fahrerassistenzsysteme, die dem Lenker Fahrentscheidungen und damit
die entsprechenden kognitiven Prozesse abnehmen, von Einparkhilfen bis zur automatischen Abstandsregelung auf der Autobahn.
Längst gewöhnt haben wir uns alle ans Navigationssystem. Meist
lachen wir darüber, dass wir ohne Navi gar nicht mehr richtig Autofahren können. Aber wir würden nicht sagen, dass uns das Navi
die Freiheit raubt, eher im Gegenteil. Navigationssysteme, Einparkhilfen und andere Assistenzsysteme ermöglichen selbst jenen
das Autofahren, die es eigentlich gar nicht können. Trotzdem haben wir auch mit Navi das Gefühl zu fahren. Zumeist verlassen
wir uns mehr oder weniger blind darauf, zumindest solange es uns
nicht offensichtlich in die Irre schickt.

Das Auto bietet Beweglichkeit, Unabhängigkeit und Individualität. Es ist ständig verfügbar, individuell steuerbar und vielseitig einsetzbar. In der Technikgeschichte gibt es die Tendenz zu
Geräten, die von sozialen Bindungen befreien. Ein Auto kann
man auch allein nutzen. Kein Autofahrer ist auf andere angewiesen. Das eigene Auto war immer auch ein Fluchtmittel, und zwar
nicht nur für Bankräuber. Es erlaubt, jederzeit aufzubrechen, von
irgendwo wegzukommen.

Wer im Wettbewerb auf der Straße bestehen will, braucht
dazu ein starkes Auto. Etwa beim Überholen: Man blinkt und
fährt raus, plötzlich taucht im Rückspiegel ein Raser mit Lichthupe auf – und man weicht lieber doch wieder aus. Die Alternative ist ein entsprechend leistungsstarkes Auto, um dem Drängler
einfach davonzufahren.

Das Auto befriedigte immer schon Regressions- und Allmachtswünsche gleichermaßen.

„Man kann sich so wohlig, fast wie in den bergenden Mutterschoß zurücksinken lassen, umfangen von summender
Technik und hautnaher Bequemlichkeit, und doch gleich-

zeitig eine Macht und eine Kraft verspüren, wie sonst selten im Leben [...] Geschützt und gestärkt fühlt man sich
da, in der Nacht durch peitschenden Regen jagend, aber
doch eingelullt in wohliger Wärme und rhythmischer Musik."[4]

Die erotischen und narzisstischen Komponenten sind dabei
schwer zu übersehen. Die Symbiose von Mensch und Maschine bietet Geborgenheit und Kraftgenuss – in psychoanalytischer
Sprache Uterus und Phallus zugleich. Das Gefühl der Symbiose entsteht dabei aus dem Missverhältnis von Aufwand und Wirkung. Mit einem leichten Wippen am Gaspedal (oder bei sportlichen Fahrzeugen an der Wippschaltung) kann der Fahrer den
Wagen in Bewegung setzen.

Das Auto ist aber auch Kommunikations- und Ausdrucksmit-
tel, das Anerkennung und Selbstbestätigung verspricht. Schon
der Autobesitz selbst ist ein „Erlebnis von narzisstischer Qualität", meint Sachs. Mit dem eigenen Auto konnten die Menschen
aus dem Alltag ausbrechen, in eine Gegenwelt fliehen, und sei es
nur für ein Wochenende. An das Auto knüpften sich Träume und
Sehnsüchte. Das Auto schuf damit neue Maßstäbe, was als schön
und erstrebenswert gilt, schreibt Sachs – eine automobilzentrier-
te Konstruktion von Wirklichkeit. Kultur und Technik verstärken
sich im Automobil gegenseitig. Nach Sachs gehen sie eine solche
Verbindung ein, dass „ein Stück Kultur gleichsam als genetischer
Code in die Konstruktion eingelassen ist". Umgekehrt schafft das
Auto neue Lebensstile und Wünsche, man denke nur an die Bedeutung des Autos in der Jugendkultur.

Für den Sozialpsychologen und Psychoanalytiker Erich
Fromm ist der Besitz eines Autos ein Beispiel für eine Konsum-
mentalität. Früher ging es darum, etwas zu besitzen und möglichst lange zu behalten. Im Konsumzeitalter hingegen kauft man
ein Auto, um es eine Zeitlang zu benutzen – und es dann gegen

ein neueres Modell einzutauschen. In *Haben oder Sein* schreibt Fromm: „Das Auto ist kein konkretes Objekt, an dem ich hänge, sondern ein Symbol meines Status, meines Ichs, eine Ausdehnung meiner Macht." Mit dem Kauf eines Autos erwerben wir nach Fromm „faktisch ein neues Teil-Ich". Wer alle zwei Jahre sein Auto wechselt, vervielfacht damit den Lustgewinn: „Der Akt des Besitzergreifens ist eine Art Defloration, eine Steigerung des Gefühls, über etwas die Herrschaft zu haben, und je öfter ich das erlebe, desto größer ist mein Triumphgefühl."[5] Die Bedeutung des Autos als Statussymbol befindet sich allerdings im Wandel. Dank Leasingkrediten und Leihwagen kann im Prinzip jeder mitspielen. Wer einfach nur angeben will, kann sich einen Ferrari für jeden Anlass mieten. Um Distinktionsgewinne zu erzielen, braucht es nicht unbedingt einen 500-PS-Sportwagen. Schon in einer alten Werbung für den *VW Käfer* hieß es: „Das ist der Wagen für Leute, die sich unterscheiden wollen von Leuten, die sich unterscheiden wollen."

Beim Auto geht es jedoch um mehr als bloß um Besitz und Status. Es geht ums Fahren selbst. Wer ein Auto hat, lässt es in der Regel nicht bloß in der Garage stehen, ausgenommen vielleicht die Sammler von Oldtimern. Das Auto entfaltet seine Wirkung als Statussymbol erst auf der Straße, wenn es von anderen gesehen wird. Der Autobesitzer kann seine Macht nur ausüben, wenn er tatsächlich fährt. Roland Barthes hielt das Auto für „das genaue Äquivalent der gotischen Kathedralen", nämlich für eine große Schöpfung der Epoche, geschaffen von einem unbekannten Künstler, ja für ein „magisches Objekt". Das berühmte Citroen-Modell *Deesse* (die Göttin) habe „alle Wesenszüge eines jener Objekte, die aus einer anderen Welt herabgestiegen sind". Barthes schwärmte vor allem für das elegante, gelassene, ja „vergeistigte" Design des Kultmodells: „Die Geschwindigkeit drückt sich nun in minder aggressiven, minder sportlichen Zeichen aus, als ob sie von einer heroischen Form zu einer klassischen Form übergegangen wäre". Bisher habe das Automobil an das „Bestiarium der Kraft" erinnert, schreibt Barthes, nun werde es „zugleich vergeistigter und objektiver", es gehe mehr um Kontrolle der Bewegung, mehr um Komfort als um Leistung: „Offensichtlich tritt an die Stelle der Alchimie der Geschwindigkeit ein anderes Prinzip: Fahren wird ausgekostet."[6]

Auch Peter Sloterdijk bringt das Automobil in die Nähe des Numinosen, für ihn ist es „das Allerheiligste der Moderne", die Inkarnation einer „Mobilmachung" der Welt, die er als Grundprozess der Neuzeit ausmacht. Er deutete das Autofahren einmal als moderne „Weltreligion", in der es bloß darum gehe, sich immer schneller zu bewegen, ohne je an ein Ziel zu gelangen, den Fahrer als modernen Kentauren, als Einheit von Mensch und Automobil. Es ist diese Einheit, die wir erfassen. Der Autofahrer steht für das moderne Subjekt, das sich selbst bewegt, ja ohne diese Bewegung gar nicht denkbar ist. Das Ich und die Bewegung, der Fahrer und sein Auto gehören untrennbar zusammen. Wie Seele und Körper bilden sie eine Einheit, ein „Hybridwesen mit menschlicher Front und Pferdeunterleib".

Was die moderne Selbstbewegung ausmacht, das ist nach Sloterdijk ihre Selbstreferenzialität. Es geht nicht darum, ein Ziel zu erreichen, sondern immer in Bewegung zu bleiben. Das moderne Subjekt fährt ins Nirgendwo. Autofahren hat für es mehr mit Träumen und Fantasien zu tun, als mit der Bewegung von einem Ort zum anderen. Es geht um Verwandlung und Selbsterweiterung, um einen „motorisierten Narzissmus", wie es Sloterdijk nennt:

> „Das Automobil ist die kultische Mitte einer kinetischen Weltreligion, es ist das rollende Sakrament, das uns Teilhabe verschafft an dem, was schneller ist als wir selbst. Wer Auto fährt, nähert sich dem Numinosum, er fühlt, wie sich sein Selbst erweitert, das uns die ganze Welt der

Schnellstraßen zur Heimat gibt und uns bewusst macht, dass wir zu mehr berufen sind als zum halb tierischen Fußgängerleben."[7]

Während in vormodernen Zeiten die Religion Erlösung versprach, bietet uns die Moderne eine Religion der Bequemlichkeit. Für den passionierten Rennradfahrer Sloterdijk ist das Auto Rausch- und Regressionsmittel zugleich. Es ist Mittel zur Weltflucht wie zur Eroberung, eine gefährliche Waffe ebenso wie eine schützende Höhle, ein „rollender Uterus"[8]. Der Autofahrer ist Fötus und Rambo zugleich, die Unfalltoten das „Opfer", das unsere archaische Bereitschaft zeigt, für die „heilige Kuh" Auto mit dem Leben zu bezahlen. Für Sloterdijk liegt im Automobilismus „ein Stück falscher Moderne", die im Mega-Stau auf der Autobahn schließlich quasi geschichtsphilosophisch zum Erliegen kommt. Bei Sloterdijk steht das Auto mehr oder weniger für alles, was ihn an der Moderne stört. Viel radikaler kann philosophischer Autohass nicht daherkommen.

Jedes moderne Subjekt ist gleichsam ein Auto-Fahrer auf der Fahrt ins Nirgendwo. Wir alle versuchen nur, uns ständig in Bewegung zu halten, ob im Auto oder im Job, ohne dabei auf ein wirkliches Ziel zuzusteuern. Die Selbstbewegung ist die Ersatzreligion, von der wir uns eine Art Unsterblichkeit versprechen, wie bei Platon, der sich die unsterbliche Seele als gefiedertes Wagengespann vorstellte – also gleichsam als fliegende Urform des Automobils. Die Automobilität ist bei Sloterdijk nur die wesenhafte Manifestation der „kinetischen Weltreligion", als die er die Modernisierung begreift.

Straßen-Gangster

Je leistungsstärker die PKWs und SUVs, desto unbesiegbarer die Kentauren der Autobahn. Dabei ist der Autoraser in seiner selbst-

und fremdgefährdenden Infantilität eine eher lächerliche Spätgestalt männlichen Heldentums. Der frühe Automobilist musste seinen Wagen selbst reparieren und konnte froh sein, wenn der Motor nicht auf halber Strecke den Geist aufgab. Der heutige Schrumpfheld braucht mindestens Airbags, Navi und Spurhaltesysteme, um seine Straßenabenteuer so komfortabel und sicher wie möglich zu gestalten. Und er braucht noch etwas anderes: ein unbewusstes Motiv, das ihm hilft, sich als „echter Mann" zu fühlen. Das Gangstermotiv. Leider endet die romantische Freiheit und Rücksichtslosigkeit des Möchtegern-Gangsters spätestens im Megastau. Die Auto-Mobilität ist längst kein Synonym mehr für Autonomie. Wie der Gangster ist der PKW-Fahrer nie mehr wirklich frei.

Heroische Verfolgungsjagden wie in Gangsterfilmen sind die Projektionen einer Fahrerperspektive, die sich meist nur noch im Fiktionalen austoben kann, weil sonst der nächste Strafzettel droht. ... *denn sie wissen nicht, was sie tun* (*Rebel Without a Cause*) ist nicht nur der Titel eines berühmten 1950er-Hollywooddramas – es könnte auch das Motto der Autoraser auf der Überholspur sein. Das „Chicken Game", die Mutprobe, die sich James Dean und sein Rivale liefern, wenn sie mit dem Auto auf einen Abgrund zurasen – das ist der verbotene Thrill der Fahrerperspektive. Zwar bleibt der Autoraser nicht wie Deans Rivale am Türgriff hängen und stürzt in die Tiefe. Aber auch er spielt mit dem Tod (seinem eigenem und dem anderer). Wie ein Pubertierender, der Gefahren nicht richtig einschätzen kann. Wie die Jugendlichen, die illegale Autorennen zum Soundtrack von Gangsta-Rap veranstalten. Steckt in diesem Irrsinn das letzte Sichaufbäumen des automobilen Heroismus? Jeder Mann weiß: Das Ende der Raserei ist nah. Der Einzug des selbstfahrenden Automobils wird das automobile Subjekt begraben. Die Tage des starr geradeaus blickenden Schrumpfhelden, der mit dem Tritt aufs Gaspedal seine Potenz demonstriert, sind gezählt.

Die Krise der Fahrerperspektive ist auch die Krise der männlich-heroischen Perspektive auf die Welt; des Tunnelblicks, der nur nach vorne gerichtet ist, nie nach links oder rechts, oben oder unten. Es ist die Krise eines auftrumpfenden Heroismus, der rücksichtslos und stur seinen eigenen Plan verfolgt, ob auf der Straße, im Job oder in der Politik. Angesichts von Klimawandel und Umweltverschmutzung wirkt das „Automobilgesicht" des Rasers erst recht nicht mehr frisch und modern, sondern grotesk verzerrt, fratzenhaft.

Und doch fällt es dem modernen Mann oft sehr schwer, sich von seinem Gefährt zu trennen. Ein bisschen Gangsta muss sein. Wer ein Mann sein will, will den Duft der Straße atmen. Er will auf Teerstrecken entlangpoltern, Kleinwagen in die Enge treiben und sich Verfolgungsjagden mit Schlitten seiner Klasse liefern. Das scheint umso aufregender, als das schnelle Autofahren ein weiteres Gangsterattribut assoziieren lässt: den schmutzigen Sex. Was ist der röhrende Schlitten anderes als Sloterdijks „rollender Uterus"? Die Fahrerperspektive selbst hat in ihrer Fokussiertheit auf Lustobjekte (die zu überholenden lahmen Enten) etwas zutiefst Sexuelles. Die Raserei wirkt rauschhaft, stimulierend, erregend. Die reine Transzendenz! Kein Zufall, dass der moderne Schrumpfheld nicht nur auf schnelle Autos steht, sondern auch auf Pornografie. Pro Sekunde werden 30 000 Pornoclips im Netz heruntergeladen, drei Viertel der Nutzer sind männlich. Für die feministische Kritik ist Porno nichts als Sexismus, der die Frauen verdinglicht und erniedrigt. Die Perspektive der männlichen Pornokonsumenten hat bisher keine Kritikerin unter die Lupe genommen: Wieder ist es die Fahrerperspektive – die Position des starr blickenden Users, der aufsaugt, was er selbst nicht (er)leben kann und darf.

Der typische Porno-Clip folgt einem klaren Skript. Es gibt kaum Dialog, möglichst schnell und sportlich geht es zur Sache, von einer Stellung zur nächsten. Was Autoverfolgungsjagden im Gangsterfilm sind, das ist der bisexuelle Dreier mit Analverkehr im Pornoclip. Qua Identifikation mit den Darstellern kann und darf der Verklemmte alles, was er sich im realen Leben nicht traut. So mündet der Schrumpfheroismus in eine Schrumpfsexualität. Wie Michel Houellebecq in seinem Roman *Ausweitung der Kampfzone* schreibt:

„In einem völlig liberalen Sexualsystem haben einige ein abwechslungsreiches und erregendes Sexualleben, andere sind auf Masturbation und Einsamkeit beschränkt."[9]

Wenn im „sexuellen Liberalismus" der Zugang zur real gelebten Sexualität zu einem „zweiten Differenzierungssystem" neben der wirtschaftlichen Potenz geworden ist, dann ist Porno die Ersatzbefriedigung sexuell abgehängter Männer.

Das Automobil kann, wie oben bereits diskutiert, als eine Art erweiterter Körper des modernen Mannes verstanden werden. Es ist (mehr als es ein Motorrad je sein könnte) seine Burg, sein Panzer, seine Raumkapsel, in der er so viel wüten und schweigen kann, wie er will. Die Sportlimousine ist die Schule des Schrumpfhelden, der nicht um Troja kämpft, sondern – mit Rekordgeschwindigkeit und waghalsigen Überholmanövern – um den besten Platz auf der Straße. Heute ist Autorasen eine Art domestiziertes Gangstertum, der 500-PS-Bolide ein Surrogat für die Waffe, mit der der Gangster seine Widersacher aus dem Weg räumt. Ein schnelles Auto zu fahren heißt, 500 PS stark zu sein! Es heißt, die linke Spur zu beherrschen. Es heißt Macht – und Gefährlichkeit. Die ultimative Virilität. Man kann, wenn man will, und zwar schneller als alle anderen. Das ist die Fahrerperspektive, der Blick durch die Frontscheibe. Es ist die Perspektive des Schrumpfhelden, der mittels Autos seine Männlichkeit behaupten will. Wenn er schon kein richtiger Gangster sein kann, so wenigstens – mit Peter Sloterdijk – ein Kentaur; halb Mensch, halb Automobil.

Dabei besteht das Paradox des Gangsters darin, dass er, so real er auch sein mag, nur als imaginäre Schöpfung fasziniert. Die schiere Wirklichkeit nimmt ihm seinen Glamour, macht ihn zum banalen Kriminellen. Nur aufgrund seines diffusen ontologischen Status', nur als real-irreales Hybrid, kann er die Sehnsucht des modernen Mannes entfachen, es ihm gleich zu tun. Das zu sein, was er sein möchte, und wovor er zugleich Angst hat, es zu werden. Die Figur des Gangsters ist nicht einfach nur böse. Sie ist gut und schlecht, integer und zwielichtig, mutig und verzweifelt zugleich. Genau wie jeder normale Mann auch. Gerade weil der Gangster auf der falschen Seite des Gesetzes steht, ist er in der Lage, die Pathologien der „Rechtschaffenen" zu entlarven. All jene kleineren und größeren Alltagsverbrechen, vom Rechtsüberholen zur Veruntreuung, von der Alimenteverweigerung zur Vergewaltigung.

Der Gangster-Heroismus beinhaltet aber noch ein weiteres: die Einsamkeit. „Mann sein heißt", so der Philosoph Josef Früchtl pathetisch, „sich mit dem Gesetz der Gewalt zu identifizieren und dadurch einsam zu werden."[10] Dies gilt insbesondere für den in kriminelle Machenschaften verstrickten „Bad Guy", der niemandem trauen kann; der immer einsam ist, weil er nie allein sein darf. Allein zu sein würde bedeuten, ungeschützt zu sein – abgeknallt zu werden. Einsam zu sein heißt für ihn, nie am Leben derer teilnehmen zu können, die seine Statussymbole – Autos, Pornos, Motorräder, Uhren – abkupfern. Dem Leben all jener Businessmen im tatsächlich oder vermeintlich legalen Bereich, die sich ziemlich verrucht vorkommen, wenn sie ihre Harleys und BMWs ausfahren. Wer, wie die Mafiabosse mancherorts in Kalabrien, ein Dasein unter den Bedingungen eines Hochsicherheitsgefängnisses fristen muss, wer in einem winzigen fensterlosen Bunker dem Radar der Polizei zu entgehen sucht, dem bleibt nur wenig. Eine bescheidene Kollektion von Devotionalien, die Trost spendet und an die Freiheit erinnert. Ein Rosenkranz. Pornohefte. Automobil-Kataloge. „Das ist der Preis, den jemand zahlen muss, wenn er wahre Macht erlangen will", schreibt Roberto Saviano, „die Macht über Leben und Tod."[11]

Der Schrumpfheld sehnt sich danach, zu sein, was er nicht mehr sein kann: ein „echter Mann". Seine Projektion ist die gleiche, nach der sich auch die autonom gewordene, ökonomisch und sexuell potente Frau verzehrt – immer dann, wenn sie einen Partner sucht. Dann wird auch sie, die sonst Hochprofessionelle und Abgeklärte, zur Romantikerin. Der Mann ihrer Träume soll modern sein, ein vernünftiger, aufgeklärter Held – und bitte kein Loser. Kein Schlappschwanz. Der Mann fürs Leben muss ein echter Mann sein – aber bitte kein Krimineller. Oft handelt es sich um einen Mann mit einem ganz klein bisschen Gangster-Flair, der gut gebaut, innerlich zerrissen und einsam genug ist, damit sie anfängt, sich nach ihm zu verzehren. Sie sucht in Bars, in der Kantine, online. Aber während sie mit der ihr eigenen Systematik fleißig Tinder-Wischbewegungen vollzieht, rauscht der, den sie sucht, vielleicht gerade mit 300 Sachen auf einer Autobahn entlang.

Kapitel 6

Der Wille zum Fahren

Ich liebte die einsamen Nächte auf der Autobahn. Es war eine Art mystisches Gefühl, einfach so zu rasen, allein auf der linken Spur, nur die Straße und ich. Ich jagte mit 200 Sachen dahin – und war doch ganz bei mir selbst.

Die deutsche Liebe zum Auto hatte immer schon romantische Züge. Die frühen Herrenfahrer sahen sich als Helden der Landstraße, die mit ihren Gefährten die Wildnis eroberten. Die Nazis verherrlichten das Auto auf ihre Weise, als Vehikel einer modernen, technisch hochgerüsteten Volksgemeinschaft. Nach dem Krieg wurde es erneut zum Symbol von Freiheit, Wohlstand und Glück, zu einem Sehnsuchtsobjekt, das viel mehr versprach als bloß mühelose Fortbewegung. Stets ging es um das große Gefühl, um das rauschhafte Erleben, um Macht und Dominanz. Das Auto war aber auch das Fluchtmittel, mit dem man dem Alltag entrinnen konnte, hinein ins Wochenend-Idyll. Es ist kein Zufall, dass die NS-Propaganda die Nähe der Autobahnen zur Natur hervorhoben. Bis heute adressiert die Autowerbung diese romantischen Sehnsüchte: Emotionen, Freiheit und die immer wieder auftauchenden Naturmotive.

Es gibt eine tiefe, dunkle Verbindung, so glaube ich, zwischen den Deutschen und dem Automobil, die tatsächlich in die deutsche Romantik zurückreicht. Das Auto war nicht einfach nur eine technische Erfindung. Es war auch das Konstrukt eines deutschen Idealismus, einer deutschen Sehnsucht nach Selbstbewegung. Das könnte man vielleicht besser verstehen, wenn man den deutschen Erfinder und Ingenieur nicht immer bloß als seelenlosen Techniker missverstünde, sondern ihn als Visionär und, ja, als Idealisten sähe, dem es darum geht, sein Ideal im wahrsten Sinn des Wortes zum Laufen zu bringen, wie seinerzeit Carl Benz seinen ersten Zweitaktmotor.

Das Automobil war nie nur ein praktisches Verkehrsmittel. Es transportierte nicht einfach nur Menschen von einem Ort zum andern. Von Beginn an war es auch das Vehikel einer Idee, eines Ideals von Freiheit, das sich realisierte als „freies, richtungsbestimmendes Können". Hegel hätte das Automobil vielleicht als Stufe in der Selbstentfaltung des Geistes verstanden – und vermutlich hätte er auch die Widersprüche gesehen, in die es notwendig geraten musste.

Das Automobil ist ein deutscher Freiheitsentwurf – vielleicht der einzige vor der „Wende", den die Deutschen je selbst auf die Straße gebracht haben. Es war nicht nur ein spätes Kind der deutschen Romantik, eine Art idealistische Setzung, gleichsam die Fichte'sche „Tathandlung", durch die sich das Ich setzt, indem es sich in Bewegung bringt. Im Automobil materialisierte sich das weltstürzende, zügellose Ich, das die Romantiker so verherrlichten. Das Auto hat, wenn man so will, die Deutschen auf Touren gebracht.

Wille zur Macht

Zum Romantischen gehört es, die Realität zu überhöhen, mehr daraus zu machen, als sie wirklich zu bieten hat, wie es Rüdiger Safranski ausdrückt. Novalis hat das Romantische einmal so definiert:

> „Indem ich dem Gemeinen einen hohen Sinn, dem Gewöhnlichen ein geheimnisvolles Ansehn, dem Bekannten

die Würde des Unbekannten, dem Endlichen einen unendlichen Schein gebe, so romantisiere ich es."[1]

Hoch romantisch ist daher auch der Hang der Deutschen, das
Fortbewegungsmittel Auto zu verklären. Für sie ist das Auto
nicht nur ein Gebrauchsgegenstand, sondern eine Art Fetisch,
ein magisches Objekt, das ihr Selbst erweitert. Es gehört nicht
nur zur Welt der Dinge und Artefakte. Das Auto ist ein Teil des
Deutschen selbst. Das Romantische besteht darin, dass es dem
Fahrer ermöglicht, die Welt zu erobern, ohne dabei jemals sich
selbst zu verlassen. Die Ego-Kapsel Automobil schützt vor den
Zumutungen von außen; es bietet Freiheit und Einsamkeit zugleich. Im Fall des deutschen Fahrers ist es die Einsamkeit und
Freiheit der Autobahn, zumindest bei Nacht, wenn kein Verkehr
ist – und er ganz bei sich sein kann, versenkt in die „Tiefe seiner
Seele". Der deutsche Fahrer braucht die Welt nicht, während er
fährt, er hat sie im Kopf. Man könnte auch sagen, er hat sie in
seinem Automobil, mit dem er sich selbst so rauschhaft schnell
bewegt.

Zur deutschen Romantik gehört die ungebremste Selbststeigerung, die Enthemmung des Ich, die am Ende in gewisser Weise in Friedrich Nietzsches Übermenschen kulminiert. Auch den
Autofahrer kann man als Höherzüchtung des Menschen sehen.
Ein schnelles Auto zu fahren, das heißt, der Stärkere zu sein. „Ich
bin kein Mensch, ich bin Dynamit"[2], schreibt Nietzsche in *Ecce
Homo*. Er hätte auch sagen können: „Ich bin kein Mensch, sondern 500 PS." Das deutsche Auto ist Wille zur Macht: Wer auf
der Autobahn rücksichtslos das Gaspedal durchdrückt, der behauptet sich selbst, im doppelten Sinn – und nicht selten auf Kosten der anderen.

Man kann sich die schlichte Frage stellen, warum die Deutschen so viel Geld für schnelle Autos ausgeben, und warum sie
immer leistungsstärkere Modelle kaufen. Ein schnelleres, teure-

res Auto hat nicht mehr unmittelbaren Nutzen als ein langsameres, billiges. Mit beiden kommt man von A nach B, und mit dem schnelleren Auto kommt man bekanntlich auch nicht unbedingt früher an. Die schlichte Antwort lautet, dass es um den „Fahrspaß" geht. So erzählt es uns die Autoindustrie seit vielen Jahren, und so sehen es offenbar auch die Käufer.

Freude am Fahren

Von Richard Wagner stammt das Diktum, „Deutsch" sei es, dass man „die Sache die man treibt, um ihrer selbst und der Freude an ihr willen treibe"; undeutsch sei dagegen das „Nützlichkeitswesen, das heißt das Prinzip, dass eine Sache des außerhalb liegenden persönlichen Zweckes wegen betrieben wird"[3]. Mit anderen Worten: Der Deutsche tut eine Sache vor allem um ihrer selbst willen, nicht um einen schnöden Nutzen daraus zu ziehen; ganz „undeutsch" war für den Antisemiten Wagner deshalb der Jude, der immer und überall nur den „Vorteil" sucht.

Wenn man Wagners Definition ernst nimmt, dann ist das Autofahren die deutsche Tätigkeit schlechthin. Es geht dem deutschen Autofahrer nicht einfach nur darum, von einem Ort zum anderen zu gelangen. Es geht ums Fahren selbst, um den Selbstzweck, um die „Freude am Fahren". Fahren um des Fahrens willen – das ist der Blick durch die Frontscheibe, die Perspektive des automobilen Subjekts. Das ist bis heute auch die Perspektive der deutschen Automobilindustrie. Um die Bedeutung des Autos für die Deutschen zu verstehen, muss man daher zunächst einmal verstehen, was die deutsche „Freude am Fahren" eigentlich ausmacht und worin sie gründet.

Die Freude am Fahren ist keine anthropologische Konstante, nicht einmal eine deutsche, schließlich ist das Auto eine relativ junge Erfindung. Ich meine auch nicht, dass es so etwas wie einen automobilen Nationalcharakter der Deutschen gibt; auch in anderen Ländern fahren Menschen gern Auto. Der deutsche Autofahrer hat kein „Wesen", ebenso wenig wie „der Deutsche" überhaupt. In Abwandlung einer berühmten Feststellung, die Simone de Beauvoir einmal über das angebliche „Wesen" der Frau getroffen hat: Als deutscher Autofahrer wird man nicht geboren, man wird dazu gemacht. Das Stereotyp von der deutschen „Freude am Fahren" beschreibt womöglich nur, wie sich die deutschen Fahrer selbst gerne sehen. Es beschreibt ein Ideal, das genau dadurch Identität stiftet, dass es immer wieder heraufbeschworen wird, nicht zuletzt in der Autowerbung. Man betont eben nicht den Nutzen, sondern die Fahrfreude, die Emotionen, die „Lust am Automobil". Das Ideal des Fahrens um seiner selbst willen ist es, das dann die Lust auf entsprechend motorisierte Autos weckt.

Die Deutschen sehen sich nicht nur gern als Dichter und Denker, denen es um zweckfreie Erkenntnis, um das Edle und Schöne geht. Sie sehen sich auch als Lenker, für die selbst die Fahrt zum Baumarkt noch einen Sinn in sich selbst hat. Der deutsche Autofahrer „nutzt" seinen Wagen nicht einfach, wie man ein Messer dazu benutzt, um Brot zu schneiden. Er will ihn auch nicht einfach nur „besitzen". Es geht ihm ums „Fahren" selbst, und eben darum, „selbst" zu fahren, und nicht bloß gefahren zu werden; andernfalls könnte er sich zum Beispiel auch ein Taxi nehmen. Dahinter steht die Abwertung des Instrumentellen, des nur Nützlichen, das aus den geistig-kulturellen Tiefenschichten der Deutschen kommt, von der Romantik bis zur neomarxistischen Kulturkritik der „Frankfurter Schule".

Autofahren in Deutschland, das ist nicht nur Selbst-Bewegung. Es ist Selbstbewegung um ihrer selbst willen. Das deutsche Auto fährt gleichsam im Kreis. Wenn das Auto unser Selbst erweitert, dann kann man die deutsche Liebe zum Auto auch als deutsche Selbst-Liebe begreifen.

Stählerne Romantik

Die deutsche Fahrerperspektive, von der in diesem Buch die Rede ist, das ist nicht nur der Blick des Autofahrers durch die Frontscheibe. Es ist eine bestimmte deutsche Perspektive auf sich selbst und die Welt. Es ist die Sichtweise der Deutschen, die so viel Freude daran haben, Dinge um ihrer selbst willen zu tun, auch wenn sie anderen und der Umwelt damit schaden. Theodor W. Adorno hat Wagners Definition des Deutschen einmal als „Formel des deutschen kollektiven Narzissmus" bezeichnet. In seinem Aufsatz *Auf die Frage: was ist deutsch*, in dem er sich mit den Gründen seiner Rückkehr aus dem Exil nach Deutschland auseinandersetzt, schreibt der Philosoph:

> „Noch dem ‚um seiner selbst willen' ist, im unerbittlich integren Mangel an Rücksicht auf den anderen, auch Inhumanität nicht fremd. [...] Wenn man etwas als „spezifisch deutsch" vermuten darf, dann ist es dies Ineinander des Großartigen, in keiner konventionellen Grenze sich bescheidenden, mit dem Monströsen. In dem es die Grenzen überschreitet, möchte es zugleich unterjochen."

Vor Augen stand Adorno dabei natürlich nicht der deutsche Autowahn, sondern der Weg Deutschlands in den Nationalsozialismus. Die deutsche „Wendung nach innen" habe „die Kräfte gestaut und bis zur Explosion überhitzt", bis zum Umschlag ins „absolute Entsetzen". Der Aufstieg Hitlers in Deutschland sei kein Zufall gewesen, schreibt Adorno:

> „Allein schon ohne den deutschen Ernst, der vom Pathos des Absoluten herrührt und ohne den das Beste nicht wäre, hätte Hitler nicht gedeihen können."[4]

Man kann darüber streiten, ob die Romantik die geistige Vorgeschichte der NS-Verbrechen bildete. Einige Ideenhistoriker und Philosophen, darunter der Brite Isaiah Berlin, haben es so gesehen. Auch der Schriftsteller Viktor Klemperer sah einen Zusammenhang:

> „Ich hatte und habe das ganz bestimmte Wissen um die engste Verbundenheit zwischen Nazismus und deutscher Romantik in mir [...] Denn alles, was den Nazismus ausmacht, ist ja in der Romantik keimhaft enthalten: die Entthronung der Vernunft, die Animalisierung des Menschen, die Verherrlichung des Machtgedankens, des Raubtiers, der blonden Bestie."[5]

Sicher ist, dass die Nazis selbst immer wieder explizit romantische Motive adressierten, auch wenn sie von weltfremder Schwärmerei nichts hören wollten. Joseph Goebbels sprach von einer „stählernen Romantik", einer Romantik, die

> „sich nicht vor den Härten des Daseins versteckt oder ihr in blaue Fernen zu entrinnen trachtet – eine Romantik vielmehr, die den Mut hat, den Problemen gegenüberzutreten und ihnen fest und ohne Zucken in die mitleidlosen Augen hineinzuschauen."

Bei der Automobil-Ausstellung 1939 verkündete er, man wolle die Technik nicht verneinen, sondern sie „innerlich beseelen und disziplinieren und sie in den Dienst unseres Volkes und seines hohen Kultur- und Lebensniveaus stellen". Das Ziel war, die kalte Moderne mit der deutschen Seele zu vereinen:

> „Wir leben in einem Zeitalter, das zugleich romantisch und stählern ist, das seine Gemütstiefe nicht verloren,

andererseits aber auch in den Ergebnissen der modernen
Erfindung und Technik eine neue Romantik entdeckt hat."

Es gehe darum, der Technik „ihr seelenloses Gepräge zu nehmen und sie mit dem Rhythmus und dem heißen Impuls unserer Zeit zu erfüllen."[6] Das Automobil als beseelte Technik – das
war eine im Kern romantische Vision.

In der Formel von der „stählernen Romantik" komme der
„modernistische Grundzug des NS-Regimes zum Ausdruck"[7],
schreibt Rüdiger Safranski – der Modernismus eines Regimes, das
eben auch Autobahnen baute, das die „Seele" mit der Technik
„versöhnen" wollte. Hitler selbst erklärte 1933, die romantische
Sehnsucht der Deutschen erfülle sich im Nationalsozialismus:

> „Am Ende blieb den Deutschen dann immer nur der Weg
> nach innen offen. Als Volk der Sänger, Dichter und Denker
> träumte es dann von einer Welt, in der die anderen lebten
> und erst, wenn die Not und das Elend es unmenschlich
> schlugen, erwuchs vielleicht aus der Kunst die Sehnsucht
> nach einer neuen Erhebung, nach einem neuen Reich und
> damit nach neuem Leben."[8]

Zu diesem „neuen Leben" der Deutschen sollte nach Hitlers Vorstellungen eben auch das eigene Auto gehören, das sich die Menschen angeblich so sehr wünschten.

Auto-Nazis?

Romantische Selbststeigerung, Nationalsozialismus und das deutsche Auto hängen also auf dunkle Weise zusammen. Es ist diese Verbindung, die in der deutschen Fahrerperspektive bis heute
nachwirkt. Das heißt natürlich nicht, dass die deutschen Autofahrer jene „Auto-Nazis" wären, als die man sie manchmal be-

schimpft. Aber wenn wir verstehen wollen, was das Auto für die Deutschen bedeutet, dann müssen wir verstehen, was das „Deutsche" am deutschen Auto, am deutschen Fahren ist. Das Auto gehört nicht nur zur deutschen Identität. Die deutsche Identität gehört auch zum deutschen Auto.

Die deutschen Autohersteller der Nachkriegszeit haben gelernt, mit dem historischen Erbe geschickt umzugehen. Schon bei der Autowerbung achtet man sorgfältig darauf, alle militaristischen Konnotationen, alle möglichen Assoziationen zur NS-Zeit zu vermeiden. Kühlerhauben dürfen zwar martialisch-aggressiv anmuten, aber keine dunklen Erinnerungen wecken. Ein deutsches SUV muss sich wie ein Panzer anfühlen, doch so aussehen darf es nicht. Zumindest äußerlich hat man dem deutschen Automobil den Willen zu Macht und Größe ausgetrieben. Aus der „Kraft durch Freude", die der Volkswagen versprach, wurde nach dem Krieg die „Freude am Fahren".

Der deutsche Fahrer ist noch immer ein Romantiker, verzaubert von der Potenz seiner Ich-Kapsel, getrieben von der unstillbaren Sehnsucht, all seine überschüssige Power einmal auszufahren. Mit seinem Freiheitsdrang will er die Welt erobern, um sich seiner selbst zu vergewissern, bis er dann doch wieder vom Nicht-Ich ausgebremst wird. Es ist die wirkliche Welt, die Verkehrslage, die ihn daran hindert, sein Ideal zu realisieren. Es sind immer die anderen, die Schleicher und Sonntagsfahrer, die ihn ausbremsen. Der Weltschmerz des deutschen Autofahrers liegt darin, dass er fast nie so fahren kann, wie er fahren will.

Autofahren in Deutschland, das ist ein Drang nach Selbstbehauptung, der nie zur Ruhe kommt. Der deutsche Autofahrer leidet, durch und durch romantisch, am Überfließen seiner Kraft. Doch was ihm dabei fehlt, im Unterschied zu den wirklichen Romantikern, das ist das Spielerische, die Leichtigkeit und Ironie. Seine „Freude am Fahren" ist tiefer Ernst. Der deutsche Fahrer will nicht spielen, sondern kämpfen. Er will nicht nur fahren,

sondern dominieren. Die Straße will er nicht bloß nutzen. Er will
sie erobern. Der deutsche Fahrer behauptet sich selbst, indem er
möglichst viele überholt. Das ist die „verbissene extremistische
Haltung"[9], die Helmuth Plessner einmal den Deutschen attestiert hat.

Der tiefe Ernst des deutschen Fahrers zeigt sich bis heute im
aggressiven Fahrstil, im Geschimpfe und Gehupe. Er zeigt sich
aber auch in der Hingabe, mit der er sich der Pflege seines Fahrzeugs widmet oder beim Neuwagenkauf die Ausstattungsdetails
studiert. Nicht zu reden vom heiligen Zorn des deutschen Fahrers, wenn er den kleinsten Kratzer an seinem Fahrzeug bemerkt.

Wille zur Macht

Die Kehrseite der automobilen Romantik ist das Gefährliche, das
ist der dunkle, dionysische Rausch des Autorasers, das sind die
tausenden Verkehrstoten auf Deutschlands Straßen. Zur Romantik des Autofahrens gehört die Überhöhung des Individuums, des
Fahrers, der allein die Richtung und die Geschwindigkeit vorgibt.
Die Fahrerperspektive, das ist das Ich, das sich gegen alles Nicht-
Ich durchsetzt – es ist das Ich, das sich selbst behauptet. Der deutsche Autofahrer behauptet sich selbst mit schierer Leistung und
Geschwindigkeit. Es ist kein Zufall, dass der Bundeskanzler, der
bekannt war für seine „Basta"-Haltung, auch als der „Autokanzler" in die Geschichte einging.

Die deutsche Fahrerperspektive ist eine männliche, eine heroische Perspektive. Es geht um Macht, um Überlegenheit. Das
deutsche Auto muss nicht nur gut genug sein, sondern technisch
perfekt. Es genügt nicht, wenn es nur nützlich ist. Es ist eben
nicht nur ein Mittel, sondern ein Zweck in sich selbst. Das Um-
seiner-selbst-Willen findet seinen Ausdruck auch im deutschen
Automobilingenieur. Es war immer eine völlige Verkennung des
deutschen Ingenieurs, ihn nur als Agenten einer „instrumentellen

Vernunft"[10] zu sehen. Gerade der deutsche Ingenieur will nicht einfach nur etwas bauen, das halbwegs funktioniert. Er will die Vollkommenheit, die Perfektion.

Es ist kein Zufall, dass auch die größten Rennfahrer-Idole der Deutschen, Walter Röhrl und Michael Schumacher, keine wilden Draufgänger waren, sondern Perfektionisten, die beim Fahren nichts dem Zufall überließen. Walter Röhrl, der als einer der besten Autofahrer aller Zeiten gilt, ist bekannt dafür, dass er selbst in den engsten Kurven scheinbar kaum das Lenkrad bewegt.

Das Automobil war immer auch Ausdruck der deutschen Seele, die endlich einmal Gas geben wollte, die Weiten des Raums erobern, statt immer nur in sich selbst gefangen zu sein. Vom Romantischen führt kein direkter Weg zur Motorisierungspolitik der Nazis. Aber die Idee der Selbststeigerung, verbunden mit mangelndem Realitätssinn, kann auch zu einem gefährlichen Wahn führen, die Suche nach Intensität am Ende in den Tod. Der Deutsche hat die Welt im Kopf. Man könnte auch sagen, er hat sie in seinem Automobil, mit dem er sich selbst so rauschhaft schnell bewegen kann, ohne dabei seine Höhle zu verlassen. Von seinem Cockpit aus hat er, so glaubt er jedenfalls, alles im Griff. Das ist die deutsche Haltung, so meine ich, verbunden mit einem Gestus der Überlegenheit gegenüber dem anderen.

Paradoxe Freiheit

Es ist fast schon ein Klischee, dass die meisten deutschen Autofahrer-Klischees tatsächlich stimmen, von der Frequenz des Autowaschens bis zum Wunderbaum im Fahrzeug. Bei allem Heroismus will der deutsche Fahrer doch auch das Beschauliche und Gemütliche, das ihm, wieder ganz romantisch, die Möglichkeit gibt, sich in sich selbst zu versenken. Der automobile Romantiker will die Freiheit und Einsamkeit der Autobahn. Der deutsche Autofahrer steigert sein Selbst ins Unermessliche, ohne gleichsam die eigenen vier Wände zu verlassen. Das deutsche Auto soll daher leistungsstark und doch schön geräumig und vor allem gut gepolstert sein. Insofern gleicht es weniger einer „gotischen Kathedrale", wie Roland Barthes meinte, sondern eher einem deutschen Reihenhaus.

Der deutsche Hang zum Automobil ist paradox. In ihm steckt ein Freiheitsdrang, der keiner sein will. Der deutsche Fahrer will mit 250 über die Autobahn rasen und sich dabei sicher und geborgen fühlen. Er will Rausch und Entgrenzung, aber nur mit Seitenairbags. Er will gern sportlich fahren, aber nur mit Assistenzsystemen, die dafür sorgen, dass er auch die nächste Kurve noch kriegt. Der deutsche Fahrer will unabhängig und selbstbestimmt sein, aber nur mit Navigationssystem. Und natürlich will er einen 500-PS-Boliden, der am besten weniger als acht Liter verbraucht. Von Lenin ist das Diktum überliefert, dass die Deutschen, bevor sie einen Bahnhof stürmen, noch ein Bahnsteigticket lösen. Vom deutschen Autofahrer könnte man sagen, dass er, bevor er die Autobahn erobert, schnell noch den Spritpreis checkt.

Die deutsche Autoindustrie ist darauf ausgerichtet, mit der Paradoxie des deutschen Fahrers umzugehen. Entsprechend paradox sind die deutschen Autos selbst. Auch ein Porsche soll möglichst alltagstauglich sein. In einem Spot wirbt der Rennfahrer Mark Webber für ein neues Modell, indem er mehrfach betont, wie gern seine Mutter den Wagen fährt. Mein persönlicher Konkurrent auf der Autobahn war immer der *Audi RS 6*, ein Sportwagen mit 450 PS und mehr, der auf den ersten Blick aussieht wie ein biederer Familienkombi. Da dachte man beim Hersteller wohl an den Rechtfertigungsdruck, unter dem ein Familienvater bei der Anschaffung eines Sportautos steht. Mit dem *RS 6* kann man nicht nur die Kinder transportieren, sondern auch die Wochenendeinkäufe, wenn es denn sein muss. Einen wirklich „reinrassigen" Sportwagen vom Schlage eines Ferrari oder einer *Dodge*

Viper, also ein aggressives, schwer zu bändigendes Auto wird man bei deutschen Herstellern nicht finden. Dafür gibt es absurde Superlativ-Modelle wie den *Bugatti Veyron* mit über 1000 PS und 400 km/h Spitze, der dermaßen alltagstauglich ausgelegt ist, dass ihn jeder Anfänger fahren kann. Ein wirklich brutaler Sportwagen würde beim deutschen Fahrerpublikum nicht funktionieren, allein schon wegen der brettharten Federung, die sich der deutsche Normalfahrer allenfalls auf der Nordschleife zumuten will, aber nicht im Alltag.

Selbst in völliger Enthemmtheit des Fahrers bietet das deutsche Auto Kontrolle und Stabilität. Jedenfalls bei einem Premiumfahrzeug schlingert die Lenkung auch bei 250 nicht. Niemand muss im emphatischen Sinn sein Leben riskieren, um über die Autobahn zu rasen, sofern er sich nicht wie ein Idiot verhält. Der deutsche Fahrer kann auch deshalb so schnell fahren, weil er es nicht im eigentlichen Sinn können muss. Die automobile Freiheit des Deutschen ist eine Freiheit mit Knautschzone und Airbags. Solange man sich nicht besonders dumm oder fahrlässig anstellt, kann nicht viel passieren. So gesehen macht das Auto das Fahren zu leicht, jedenfalls für jene, die einfach nur über die Autobahn rasen wollen. Insofern bietet es eine Freiheit, die auch deshalb so destruktiv ist, weil man sich dafür weder körperlich noch geistig anstrengen muss. Der enthemmte Fahrer kann seine Freiheit entfalten, während er sich mit Musik zudröhnt und vielleicht auch noch mit dem Handy telefoniert.

Die Freiheit des deutschen Fahrers war immer schon gehemmte Freiheit – die Freiheit innerhalb des automobilen Systems von Normen und Praktiken. Doch der deutsche Autofahrer konnte sich erfolgreich suggerieren, dass sich seine Freiheit auf der Autobahn realisiert. Wirklich frei ist der Fahrer, der fahren kann, wo und wie er will. Der ADAC hat das in seiner seinerzeitigen „Freie-Fahrt"-Kampagne mit unübertrefflicher Klarheit ausgedrückt. Aber automobile Freiheit hieß in Deutschland nie, einfach nur möglichst wenigen Behinderungen im Straßenverkehr zu unterliegen. Wahre automobile Freiheit, so glaubt der deutsche Fahrer, verwirklicht sich in der PS-Leistung, in den Beschleunigungswerten, im Überholprestige. Auch ein Fiat-Panda-Fahrer kann fahren, so schnell er will; niemand hindert ihn daran. Aber seine Freiheit ist keine wirkliche, weil er selbst beim besten Willen einfach zu langsam ist. Der Philosoph Isaiah Berlin unterschied einmal zwischen negativer und positiver Freiheit. Negative Freiheit meint die Abwesenheit äußere Hindernisse, positive Freiheit dagegen eine Art Selbstverwirklichung. Die Freiheit des deutschen Fahrers ist nicht etwa die negative Freiheit, von niemandem behindert zu werden. Sie besteht vielmehr darin, schneller fahren zu können als die anderen. Zwar verbietet niemand einem Hartz-IV-Empfänger, der sich einen teuren BMW wünscht, sich das Auto zu kaufen. Aber er kann sich den BMW eben nicht leisten, insofern ist er nicht wirklich frei, weil er seine wahren Wünsche und Ziele nicht realisieren kann. Positive Freiheit hat demnach derjenige, der sein Selbst zur Geltung bringt. Die automobile Freiheit in Deutschland ist nicht nur die „negative" Freiheit, die sich etwa darin ausdrückt, dass es keine durchgängigen Geschwindigkeitsbegrenzungen gibt. Sie meint auch die „positive" Freiheit, überhaupt ein schnelles, teures Auto zu besitzen, mit dem man die Freiheit entsprechend nutzen kann. Wenn das Auto nur 100 Stundenkilometer hergibt, dann bringt es dem Fahrer wenig Freiheitsgewinn, wenn er theoretisch auch 250 fahren dürfte.

Die Ich-Kapsel Automobil ist das, was uns von anderen trennt. Zugleich ist das Autofahren aber auch das, was die Mehrheit der Deutschen, trotz aller Marken- und Modellunterschiede, miteinander verbindet. Das wird spätestens dann deutlich, wenn alle zusammen im Stau stehen – wenn der Porsche auch nicht schneller vorankommt als die anderen. Insofern ist Autofahren in Deutschland eine kollektive wie höchst individuelle Erfahrung.

Man kann gemeinsam über den Spritpreis oder die Staulawine schimpfen – und sich dann doch wieder aufs eigene Fahren konzentrieren.

Auch die kraftvollste deutsche Selbstbewegung kommt im Stau zum Stehen. Das geweitete Ich schrumpft wieder zusammen, das rasende Selbst wird ausgebremst von der Welt. Es ist die Verkehrsrealität, die den romantischen Zauber bricht. Man könnte auch sagen, das automobile Selbst gerät in einen Widerspruch. Es scheitert an seiner eigenen Norm. Es kann nicht so schnell fahren, wie es will, weil da zu viele andere sind, die das gleiche wollen.

Die Dialektik der Auto-Mobilität liegt darin, dass das Automobil seine eigenen Versprechen, seinen eigenen Sinn immer mehr untergräbt. Die Freiheit schlägt um in Unfreiheit, Flexibilität in Zwang, Geborgenheit in Bedrohung. Die Selbstbewegung mündet in den Megastau, die Freude am Fahren verkehrt sich in ihr Gegenteil. Wenn es den Deutschen tatsächlich darum geht, eine Sache „um ihrer selbst willen" zu tun, wie Richard Wagner meinte, dann ist die Krise des deutschen Automobils auch eine Krise der nationalen Identität.

Kapitel 7

Stillstand

Donnerstag, 28. Juni 2018. In Bremen, Niedersachsen und Sachsen-Anhalt beginnen gleichzeitig die Sommerferien. Der Berufsverkehr vermischt sich mit dem Reiseverkehr, die Straßen sind überlastet, bis schließlich alles steht. An diesem Tag kommt der Verkehr in Deutschland auf insgesamt 13 000 Kilometern zum Erliegen. Es ist der staureichste Tag des Jahres 2018, wie der ADAC in seiner jährlichen „Staubilanz" vermerkt.

Autofahren in Deutschland – das heißt nicht nur rasen, sondern vor allem auch stehen. Insgesamt bildeten sich im Jahr 2018 auf Deutschlands Straßen rund 745 000 Staus, etwa drei Prozent mehr als im Jahr davor. Auch bei der Länge gab es einen Zuwachs, sie betrug insgesamt mehr als 1,5 Millionen Kilometer, 5 Prozent mehr als im Jahr davor – eine Autoschlange, die 38mal um die Erde reichen würde. Der ADAC hat ausgerechnet, was das in Lebenszeit bedeutet: Rund 459 000 Stunden, etwa 52 Jahre, standen die Deutschen im Stau – jeder Autofahrer im Schnitt 30 Stunden, gegenüber nur acht Stunden im Jahr 2000.

Im Stau stehen – das ist der Alptraum des deutschen Autofahrers. Es bedeutet stundenlanges Warten, das Gefühl von Hilflosigkeit, Gereiztheit, Ärger und Stress. Kaum ein Zustand regt die Menschen derart auf, die Auswirkungen aufs Verhalten sind bekannt: Wenn Autofahrer im Stau stehen, rauchen sie mehr, sie geraten in Panik oder fangen zu streiten an, und nach Stauende fahren viele noch aggressiver als zuvor. Kaum ein deutsches Autothema ist emotional so sehr belastet wie der Stau. Wenn wieder einmal alles steht, dann kocht der Volkszorn hoch. Dann schimpft man über das Baustellenchaos, über die Verkehrsplanung, über die Politik. Man schimpft über alles Mögliche, nur nicht über das deutsche Automobil.

Unter einem „Stau" versteht man laut *Duden* die „Behinderung eines Fließens oder Strömens"; ein „Verkehrsstau" ist ein „stark stockender oder zum Stillstand gekommener Verkehrsfluss", heißt es auf *Wikipedia*, man spricht von „Verkehrschaos", „Blechlawinen" und „Verkehrsinfarkt". Als typische Wortverbindungen zu Stau nennt der *Duden* zum Beispiel „endlos", „täglich", „üblich" und natürlich „kilometerlang".

Ob zu Ferienbeginn, vor Brückentagen oder einfach nur in der Hauptverkehrszeit: Staus gehören zur Realität des Fahrens wie das Rasen auf der Autobahn. Aus Sicht der Autohasser zeigt sich die Unvernunft des Autofahrens nirgendwo so deutlich wie im täglichen Chaos auf den Straßen. Staus kosten die Autofahrer nicht nur Nerven, sie schaden auch der Volkswirtschaft. Experten bezifferten laut Regierungsangaben aus dem Jahr 2010 den täglichen staubedingten Kraftstoffverbrauch auf 33 Millionen Liter, den Zeitverlust auf 13 Millionen Stunden. Der volkswirtschaftliche Schaden liegt nach diesen Schätzungen in Deutschland bei 250 Millionen Euro pro Tag. Aber Staus sind nicht nur teuer. Sie belasten auch die Luft mit hohen Stickoxid- und Feinstaubwerten.

Aus dem Nichts

Staus können viele Ursachen haben. Eine davon ist natürlich, dass zu viele Fahrzeuge gleichzeitig auf einer bestimmten Strecke unterwegs sind. Eine Straße kann eben nur 1500 bis 2500 Fahrzeuge pro Stunde und Spur aufnehmen, und das nur, wenn sich die Autos mit einer Geschwindigkeit von 80 bis 100 km/h bewegen, bei schnellerem oder langsamerem Fahren sinkt die Kapazität, auch bei schlechteren Witterungsbedingungen. „Erhöhtes

Verkehrsaufkommen" durch Berufs- oder Reiseverkehr kann dazu führen, dass irgendwann gar nichts mehr geht. Wie jeder Autofahrer weiß, kann sich ein Stau auch bilden, wenn irgendein Hindernis den Verkehrsstrom blockiert, wie typischerweise Baustellen oder Unfälle. Weniger naheliegend ist, dass der Verkehr auch stocken kann, wenn die Straße weder überlastet noch blockiert ist.

Der „Stau aus dem Nichts" entsteht, wenn Fahrer in einer Kolonne den Sicherheitsabstand nicht einhalten und daher stärker abbremsen müssen als der Vordermann, um einen Auffahrunfall zu vermeiden. Dabei vollzieht sich eine Art Kettenreaktion, man spricht auch vom „Schmetterlingseffekt", wobei ein einzelner Fahrer durch eine Fehlreaktion einen Megastau auslösen kann. Angenommen, mehrere Autos fahren in einer Kolonne mit gleicher Geschwindigkeit dicht hintereinander und der erste Fahrer bremst aus irgendeinem Grund leicht ab. Der zweite Fahrer muss aufgrund der Reaktionszeit schon etwas stärker bremsen als der erste, der dritte etwas stärker als der zweite, bis ein Fahrzeug dann ganz zum Stillstand kommt – und die nachfolgenden Fahrzeuge natürlich ebenfalls: der Stau entsteht. Und da jedes Auto an der Staufront wieder nur mit etwas zeitlicher Verzögerung losfahren kann, dauert es eine Zeit, bis sich der Stau wieder auflöst, obwohl die ursprüngliche Stauursache schon beseitigt ist.

Phänomenologisch interessant daran ist unter anderem, dass die Fahrer gar nicht mitbekommen, dass sie durch ihr Fehlverhalten einen Stau verursachen, weil der Verkehr erst weit hinter ihnen zum Erliegen kommt. Die Perspektive des Fahrers ist eben nur aufs Vorankommen gerichtet, auf die Straße vor ihm. Es ist seine eingeschränkte Sicht, sein sturer Vorwärtsdrang, der alles hinter ihm zum Stillstand bringt. Die Fahrerperspektive fährt gleichsam in einen Widerspruch. Weil alle nur schneller weiterkommen wollen, kommt am Ende keiner voran. Eben darum ist der Megastau für manche nicht nur das Sinnbild einer verfehlten Verkehrspolitik, sondern einer verirrten Moderne überhaupt.

Der Philosoph Peter Sloterdijk sah die Staus auf den Autobahnen schon vor 30 Jahren als „Phänomene von geschichtsphilosophischem Stellenwert, ja sogar von religionshistorischer Bedeutung", wie er in seinem Buch *Eurotaoismus* schreibt:

„Durch sie kommt ein Stück falscher Moderne zum Scheitern, in ihnen begegnet uns das Ende einer Illusion – sie sind der kinetische Karfreitag, an dem die Hoffnung auf Erlösung durch Beschleunigung zugrunde geht."

Man muss nicht gleich, wie Sloterdijk, die „Nachrufe auf die Moderne" aus den Seitenfenstern wehen sehen, um die „Ahnung" zu haben, dass dies „nicht mehr lange so weitergehen kann"[1]. Sicher ist allerdings, dass es seit Sloterdijks apokalyptischen Prophezeiungen immer schlimmer geworden ist, und zwar weltweit. Das Verkehrsaufkommen steigt weiter, vor allem in den Ballungsräumen. Durch Urbanisierung, Wirtschafts- und Bevölkerungswachstum verstopfen die Straßen immer stärker. In Deutschland gibt es heute hochentwickelte Verkehrsinformationssysteme und Staumelder, die in Echtzeit vor verstopften Straßen warnen, es gibt Navigationssysteme, die den Fahrer im Staufall über alternative Routen dirigieren, es gibt Google Maps, und doch hilft das offenbar alles nichts: Es sind einfach zu viele Autos auf den Straßen – und zu viele Fahrer, die sich falsch verhalten. Eine Zukunftshoffnung ruht bezeichnenderweise auf intelligenten Autos, die Staus vermeiden sollen, indem sie die Fehlerquelle Fahrer gleich ganz ausschalten. Verkehrsexperten fürchten allerdings, dass das autonome Fahren die Straßen noch weiter verstopfen könnte, vor allem dann, wenn zugleich auch noch viele menschliche Fahrer auf den Straßen unterwegs sind.

Das Stauproblem wird also immer größer, obwohl wir immer mehr dagegen tun. Es hilft auch nicht viel, einfach neue Straßen zu bauen, weil mit einem neuen Angebot an Straßen auch die

Nachfrage steigt, wie der Verkehrswirtschaftler und Blogger („Zukunft Mobilität") Martin Randelhoff erklärt: „Die einzige Möglichkeit, Staus effizient zu bekämpfen, wäre eine Verringerung des Straßenverkehrs."[2]

Staus verursachen nicht nur immense wirtschaftliche Kosten, sie belasten auch das Leben der Menschen. Jeder deutsche Berufspendler weiß, was es bedeutet, morgens auf dem Weg zur Arbeit im Stau zu stehen, und nach Feierabend erst recht, wenn sich jeder schon aufs Heimkommen freut. Das scheint für uns mittlerweile so normal zu sein, dass wir kaum noch darüber nachdenken. Aber Zeit ist Leben: Staus kosten nicht nur Nerven und Geld, sondern vor allem Lebenszeit, die wir mit anderen Dingen verbringen könnten als stundenlang in einer Blechkapsel auszuharren.

Gestaute Wut

Im Stau stehen, das heißt zunächst mal warten, dass es „weitergeht". Das Warten im Stau ist fremdbestimmt, es liegt nicht in unserer Macht, wir können nichts dagegen tun. Als Autofahrer habe ich das selbst immer als Zustand der Hilflosigkeit erlebt. Eben ist man noch mit 200 Sachen über die Autobahn gerast, und plötzlich kann man sich gar nicht mehr bewegen. Man kann das als eine Art dialektischen Umschlag verstehen: Die Freiheit des Fahrens schlägt um in ihr Gegenteil, in die Unfreiheit des Stillstands. Der Rausch kippt in Depression, der Flow in Langeweile, der Fahrspaß in Ärger und Wut. Ironischerweise erzeugt die Polizei manchmal sogar künstliche Staus, um Amokfahrer auf der Autobahn auszubremsen.

Im Stau bricht die Fahrerperspektive zusammen. Plötzlich ist man nicht mehr der souveräne, selbstbestimmte Fahrer, der mit einem Tritt aufs Gaspedal, mit einer Lenkbewegung den Lauf der Dinge bestimmt. Man ist der Gefangene des eigenen Fahrzeugs, das man nicht einmal einfach stehenlassen kann. Noch demü-

Abb. 8: Stillstand auf der Autobahn: Die 300 PS und das Sportfahrwerk
verlieren plötzlich ihren Sinn.

tigender als der totale Stillstand ist, jedenfalls nach meinem Erleben, der Stop-and-Go-Verkehr, der einem auch noch höchste Konzentration dafür abfordert, dass man nicht richtig fahren
kann. In modernen Autos gibt es heute immerhin schon „Stau-
assistenten", die im Stop-and-Go-Verkehr per Radar automatisch
Abstand zum Vordermann halten. Es gehört zur Dialektik der
heutigen Automobilentwicklung, dass man den Fahrer nicht nur
vom Fahren entlasten will, sondern auch vom Nichtfahren.

Das Stehen im Stau hat etwas Paradoxes. Eigentlich gewinnt
man etwas Muße und Ruhe, man könnte ganz bei sich sein. Man
wartet nicht irgendwo in der Kälte auf den verspäteten Zug, man
ist nicht eingepfercht in einem überfüllten Abteil zusammen mit
irgendwelchen unangenehmen Menschen, und man sitzt auch
nicht mitten in der Nacht verloren auf einem Flughafen. Man

sitzt im eigenen Auto – ist also daheim. Und doch sind die meisten Menschen in dieser Situation gestresst und genervt, und nicht nur, weil sie womöglich einen Termin verpassen.

Das Stehen im Stau nervt den deutschen Fahrer deshalb so, weil er nicht weiterkommt – weil er plötzlich unfrei ist. Im Stau schrumpft das eben noch so grandios gesteigerte und erweiterte Selbst wieder zusammen. Der Fahrer im Stau fühlt sich deshalb so beengt und gehemmt, weil er nicht fahren kann – und damit nicht das tun kann, was er will. Er und sein Auto sind keine Einheit mehr. Die 300 PS, das Sportfahrwerk verlieren plötzlich ihren Sinn. Man kann das vielleicht als eine Art temporäre Entfremdung verstehen. Die Potenz des Autos kann sich nicht aktualisieren. Man kann nicht mehr aufs Gas steigen, nicht mehr beschleunigen, auch wenn man das noch so sehr will – und das Auto es eigentlich kann.

Das Auto im Stau ist gleichsam ein Auto „an sich", aber nicht für den Fahrer. Das automobile Subjekt schlägt um in ein Objekt, es wird zu diesem blechernen Gegenstand auf Rädern, der in einer kilometerlangen Schlange auf der Autobahn steht und nicht weiterkommt, so wie alle anderen auch. Wenn sich der Stau dann doch auflöst, kommt das einer Erlösung gleich. Endlich wieder Gas geben, endlich wieder fahren. Ich habe die starke Vermutung, dass es ausgerechnet die gerade dem Stau entronnenen Fahrer sind, die vor lauter Übermut gleich den nächsten auslösen, ohne dass sie es bemerken.

Die deutsche Fahrerperspektive, das zeigt das Stauproblem, ist noch nicht zu sich selbst gekommen. Der deutsche Fahrer ärgert sich zwar über die Zumutung des Staus, die ihn in seinem Vorankommen hemmt. Die nächste Stufe wäre aber, sich bewusst zu machen, dass er selbst es ist, der zur Stauentstehung beiträgt. Am Ende dieser Dialektik könnte so etwas wie fahrerische Vernunft stehen – die Selbstaufhebung des automobilen Subjekts.

Ohne Grenzen

Eine Autobahn irgendwo in Deutschland. Auf der linken Spur Fahrzeuge, die in rasender Geschwindigkeit und mit drohender Lichthupe, einander überholend und wegdrängend, wie Geschosse über den Asphalt donnern, oft um 100 Stundenkilometer und mehr schneller als andere, darin brave Bürger, die sich für die Dauer der Fahrt in Kampfpiloten verwandelt haben. Wahnsinn, könnte man denken. Doch viele Deutsche nennen es Freiheit.

In fast allen Ländern der Welt gibt es eine durchgängige Geschwindigkeitsbegrenzung. Nur in Deutschland gestattet man dem Fahrer auf vielen Autobahnabschnitten immer noch, was er sonst nirgends darf – so schnell zu fahren, wie er will und kann. „Freie Bürger fordern freie Fahrt" – mit diesem Slogan startete der ADAC im Februar 1974, mitten in der Ölkrise, seine Kampagne gegen einen Tempolimit-Großversuch auf den Bundesautobahnen. Die Parole gehört bis heute zur automobilen „Leitkultur" des Landes, ein generelles Tempolimit gilt als politisch nicht durchsetzbar. Das zeigt sich auch in der aktuellen Autodebatte. Kaum ein Thema spaltet die Deutschen so sehr wie die Frage des Tempolimits. Nach einer Umfrage sind 51 Prozent der Bürger für eine Geschwindigkeitsbegrenzung, 47 Prozent dagegen.[1] Was in den USA der Waffenbesitz ist, das ist in Deutschland die freie Fahrt auf der Autobahn.

Die Fronten in der Tempolimit-Frage sind seit Jahren die gleichen. Die Umweltschützer sind dafür, die Autolobby dagegen. So argumentiert der ADAC beharrlich, dass der Einfluss eines Tempolimits auf die Unfallzahlen nicht erwiesen sei, der Nutzen für den Klimaschutz nur marginal. Die Automobilindustrie wiederum fürchtet um den nationalen wie internationalen Nimbus ihrer Produkte. Denn die Einführung eines Tempolimits könnte es schwieriger machen, die leistungsstarken deutschen Autos zu vermarkten. Man muss nur auf YouTube nach einschlägigen Videos von begeisterten PS-Fans aus aller Welt suchen, die von ihren Raser-Erlebnissen auf deutschen Autobahnen schwärmen.

In der Tempolimit-Frage geht es daher auch um den Schutz der Automobilindustrie, die davon lebt, dass sie die schnellsten und besten Autos baut. Der einstige „Autokanzler" Gerhard Schröder hat in einem Interview mit entwaffnender Klarheit erklärt, warum er in seiner Amtszeit gegen ein Tempolimit war: „Na, weil die Autos hierzulande so ausgelegt sind, dass man sie schnell fahren kann."[2] An dieser Grundhaltung der Politik hat sich nicht viel geändert, auch wenn man weiß, dass PS-starke Autos durchaus auch in Ländern gekauft werden, in denen man sie gar nicht „ausfahren" darf.

Zwei Argumente

Auf den ersten Blick könnte man denken, die Einführung eines Tempolimits sei schlicht eine Frage der Vernunft. Für eine durchgängige Geschwindigkeitsbegrenzung sprechen vor allem zwei Argumente. Das erste ist der Umwelt- und Klimaschutz. Je schneller Autos fahren, desto mehr Schadstoffe stoßen sie aus. Der Grund liegt schlicht in der Fahrphysik. Der Luftwiderstand steigt mit dem Quadrat der Geschwindigkeit, eine Verdoppelung des Tempos vervierfacht also den Luftwiderstand, damit steigen die benötigte Motorleistung und der Treibstoffverbrauch – und damit auch der Kohlendioxid-Ausstoß. Nach einer alten Studie des Umweltbundesamts aus dem Jahr 1999 könnte man durch ein Tempolimit von 120 Stundenkilometern den CO_2-Ausstoß auf deut-

schen Straßen um drei Prozent verringern. Das wären zwar nur
0,4 Prozent der Gesamtemissionen Deutschlands, der Beitrag
eines Tempolimits zum Klimaschutz wäre also eher gering. Allerdings könnte man argumentieren, dass die Maßnahme nicht
viel kostet und außerdem auch zum Lärmschutz beitragen würde – ganz abgesehen von der symbolischen Wirkung.

Das zweite Argument zielt auf die Unfallzahlen. Im Jahr 2017
starben laut statistischem Bundesamt insgesamt 3180 Menschen
im deutschen Straßenverkehr, davon 409 Personen (also 13 Prozent) auf Autobahnen, von denen wiederum 181, also fast die
Hälfte, für die jeweiligen Wetter- und Straßenverhältnisse zu
schnell unterwegs waren. Die Zahl der Verkehrstoten in Deutschland sinkt zwar seit einigen Jahrzehnten kontinuierlich, wozu eine
Reihe von Maßnahmen von der Einführung der Gurtpflicht über
die Promillegrenze bis zu Innovationen bei der Fahrzeugsicherheit
beigetragen hat. Das kann man als Erfolg werten, auch wenn man
findet, dass jeder Tote im Straßenverkehr einer zu viel ist. Trotzdem bleibt schnelles Autofahren riskant und gefährlich.

Der Zusammenhang zwischen Geschwindigkeit und Unfallzahlen ist heute durch eine Vielzahl von Studien einigermaßen
belegt, auch wenn über die Interpretation der Zahlen gestritten
wird. So zeigt etwa eine 2018 veröffentlichte OECD-Studie anhand von elf Beispielen aus zehn Ländern, dass geringere Geschwindigkeiten mit weniger schweren Unfällen korrelieren, eine
Anhebung des Tempolimits dagegen mit mehr Toten. Umgekehrt
gibt es keinen bekannten Fall, in dem höhere Geschwindigkeiten mit geringeren Unfallzahlen einhergehen. Studien zum Effekt
von Tempolimits sind zwar mit gewisser Vorsicht zu betrachten;
das Problem liegt unter anderem darin, dass auch viele andere
schwer messbare Faktoren die Unfallzahlen beeinflussen, wie etwa
die Fahrkultur im jeweiligen Land. Dennoch weisen die Statistiken zumindest in eine klare Richtung. So ließ das Land Brandenburg schon 2007 die Unfallzahlen auf einem Autobahnabschnitt

zwischen Rostock und Berlin untersuchen. Nach der Einführung eines Tempolimits sanken die Unfallzahlen im untersuchten Zeitraum von 1996 bis 2006 um 20 bis 50 Prozent, die Zahl der Toten halbierte sich.[3]

Was Tempolimits bewirken können, zeigt auch das Beispiel Schweden, das seit 20 Jahren die „Vision Zero" verfolgt, also das langfristige Ziel, die Zahl der Toten und Schwerverletzten im Straßenverkehr auf null zu reduzieren. Die Strategie besteht dabei in verkehrsplanerischen Maßnahmen, die das Risiko minimieren sollen; dazu gehören Kameras ebenso wie Kreisverkehre und Mittelplanken auf den Straßen, um Frontalzusammenstöße zu verhindern. Auf Landstraßen ohne Mittelplanke gilt – ausgehend von der Erkenntnis, dass Crashs bei wesentlich höheren Geschwindigkeiten selten überlebt werden – ein Tempolimit von 70 km/h, auf den Autobahnen Tempo 100 oder 110, überwacht durch die weltweit höchste Zahl an Kameras.[4] Heute gelten die schwedischen Straßen als die sichersten der Welt; im vergangenen Jahr gab es in Schweden insgesamt „nur" 300 Verkehrstote. Doch Tempolimit-Gegner lassen sich durch solche Zahlen kaum überzeugen.

Welche Freiheit?

Rasen ist gegen jede Vernunft, das wissen im Grunde alle, nicht zuletzt die Raser selbst, auch wenn jeder einzelne natürlich glaubt, dass er das Risiko im Griff hat. Insofern kann man darüber rätseln, warum Tempolimits in Deutschland auf derart erbitterten Widerstand stoßen. Dabei ist die Antwort im Grunde einfach. Die Deutschen fahren gerne schnell, und ihre Autos geben es her. Es geht nicht um Vernunft, sondern um Emotionen, die von der Autoindustrie nach Kräften befeuert werden. „Wer ein Jahreseinkommen in einen *V6* mit 280 PS investiert, tut das nicht, um auf der Autobahn den Tempomaten einzuschalten", heißt es in einem *Spiegel*-Leitartikel: „Es ist unvernünftig, aber eben auch sehr reizvoll, einmal das Gaspedal bis zum Anschlag durchzudrücken."[5] Mit anderen Worten: Rasen macht Spaß. Nicht jeder Schnellfahrer ist einfach nur ein Irrer. Wer mit hoher Geschwindigkeit bei guten Wetter- und Straßenverhältnissen auf der leeren Autobahn unterwegs ist, der verhält sich nicht zwangsläufig unverantwortlich. Für rücksichtslose Drängler und Hasardeure hingegen, die auch das Leben anderer riskieren, gibt es versicherungs- und verkehrsrechtliche Konsequenzen, bis hin zu Geldstrafen und Führerscheinentzug. Rasen mit tödlichem Ausgang kann sogar als Mord bestraft werden. So gesehen könnte man argumentieren, dass die Rechtsordnung schon genug tut, um verantwortungsloses Fahren zu verhindern.

Für die Gegner des Tempolimits steht daher nichts weniger als unsere Freiheit auf dem Spiel. Da meint etwa Rainer Hank in der *Frankfurter Allgemeinen Sonntagszeitung*, ein „Bündnis von Verbotsrhetorikern und Verzichtspredigern" habe sich zusammengefunden, um die Freiheit des Bürgers einzuschränken. Freiheit habe mit Mobilität für jedermann zu tun, argumentiert Hank, das Auto bedeute daher „Freiheitsgewinn"[6]. Welcher Freiheitsgewinn in Tempo 250 liegt, erklärt er allerdings nicht. Ganz ähnlich argumentiert Reinhard Müller, der Rechtsexperte der *FAZ*, wer eine Freiheit einschränken wolle, der brauche dafür einen „guten Grund", und aus Vernunftgründen sei das Tempolimit „nicht zwingend", der alltägliche „Wahnsinn des Autofahrens" beschränke sich zudem nicht nur aufs Rasen: „Die individuelle, unbegrenzte Mobilität gewährt auch demjenigen noch ein Stück Freiheit, der sonst nicht viel zu sagen hat."[7] Aber selbst wenn Mobilität „ein Stück Freiheit" bedeutet, folgt daraus noch lange nicht die Lizenz zum Rasen. Geht es denn wirklich um die Freiheit, wie die Gegner eines Tempolimits sagen? Und wenn ja, um welche Freiheit?

Unter Freiheit verstehen wir im Allgemeinen, dass wir tun und lassen können, was wir wollen. Frei sind wir dann, wenn wir keinen Zwängen unterworfen sind, wenn uns niemand daran hindert, etwas zu tun. Selbstverständlich schränkt der Staat die Freiheit seiner Bürger in vielen Bereichen ein – nicht zuletzt im Straßenverkehr. Niemand hat das Recht, eine Straße in einer bestimmten Richtung entlangzufahren, nur, weil er oder sie das will. Dennoch kämen vermutlich auch die radikalsten Gegner eines Tempolimits nicht auf die Idee, Einbahnstraßen oder Verkehrsregeln überhaupt abzuschaffen. Es reicht daher nicht zu behaupten, dass ein Tempolimit die Freiheit einschränken würde. Man muss auch sagen können, warum das in irgendeiner Weise schlecht oder schädlich wäre– und warum es wichtig, ja schützenswert sein soll, dass jeder so schnell fahren kann, wie er will. Auch auf der Autobahn ist die „Freiheit" des Fahrers in vielerlei Hinsicht schon heute eingeschränkt. Weder darf er wenden, noch auf dem Standstreifen fahren oder rechts überholen. Und er darf auch nicht so langsam dahinschleichen, dass er den Verkehr behindert. Die Frage ist also, warum ausgerechnet das Schnellfahren erlaubt sein soll, obwohl es gefährlich ist. Ein Tempolimit hindert niemanden daran, von A nach B zu gelangen. Es beschränkt nur die erlaubte Geschwindigkeit. Das Rasen auf der Autobahn ist kein Grundrecht, auch wenn deutsche Autofahrer sich manchmal so verhalten, als ginge es um eine Art von Religionsausübung.

In der Debatte geht es längst nicht nur um rationale Argumente. Die Frage des Tempolimits berührt das Selbstverständnis des deutschen Autofahrers. Es geht um die deutsche Identität – um unsere Fahrerperspektive, unsere Sicht auf die Welt.

Unendlicher Fahrspaß

Viele Deutsche halten die unbeschränkte Autobahn für einen der letzten Freiheitsräume, wo sie sich in einem überregulierten Land noch ungehindert entfalten können. Dahinter steht vielleicht auch ein deutsches Missverständnis von Freiheit – die Idee einer grenzenlosen Selbststeigerung, eines ungehemmten Ich, das sich an seiner schieren Kraft berauscht. Auf einer gut ausgebauten Autobahn geradeausfahren, das kann im Grunde jeder, erst recht mit einem deutschen Auto, das so sicher auf der Straße liegt. Die wahren fahrerischen Fähigkeiten zeigen sich nicht auf der Geraden, bei durchgedrücktem Gaspedal, sondern in der Kurvenfahrt, im Grenzbereich, wo es um Feingefühl und Balance geht – um eine Art Spiel, nicht um Macht. Wer sein fahrerisches Können zeigen will, der kann seine Fähigkeiten auch auf dem Nürburgring erproben.

Insofern ist das Rasen auf der Autobahn ein dumpfer Spaß vor allem für jene, die es nicht besser können, die aber die Illusion brauchen, dass sie es besser können als die anderen. Wer mit Tempo 280 über die Autobahn fliegt, der entfaltet nicht seine fahrerischen Fähigkeiten, sondern verschmilzt mit der brachialen Potenz seines Fahrzeugs. Die 280 Sachen – das ist er selbst. Eben deshalb fühlen sich viele deutsche Fahrer durch ein Tempolimit eingeschränkt. Sie sehen darin einen Angriff auf ihr Selbst, das scheinbar freie Fahrt braucht, um sich zu entfalten.

Dahinter steht die romantische Sehnsucht, mit der die Deutschen das Autorasen verklären: Das schnelle Fahren ist nicht einfach nur Gebolze, es hat einen höheren Sinn. Das Fahren ohne Limit, der unendliche Fahrspaß, das durchgedrückte Gaspedal: Das ist eine deutsche Illusion von Freiheit, von Macht und Überlegenheit, die nicht nur andere bedroht, sondern auch sich selbst untergräbt, was sich spätestens im nächsten Stau zeigt, wenn niemand mehr fährt. Der ungebrochene Widerstand gegen das Tempolimit hat vielleicht auch damit zu tun, dass die Deutschen zudem noch glauben, mit ihrer Macht auf der Straße besonders gut zurechtzukommen, weil sie eben nicht nur die besten Autos bauen, sondern auch die besten Fahrer sind. In der Debatte geht es daher nicht nur um Unfallzahlen und Klimaschutz. Es geht auch um eine Art Selbstbegrenzung – um ein Ende der deutschen Raserei.

So schnell wir auch fahren: Unsere Freiheit verwirklichen wir nicht beim einsamen Rasen auf der Autobahn. Wir sind keine isolierten Subjekte, die sich einfach nur entgrenzen, also von allen Limits befreien müssen, um ganz sie selbst zu sein. Der deutsche Raser überholt nicht nur die anderen; er fährt auch sich selbst davon. Dabei ließe sich ausgerechnet vom deutschen Romantiker Hegel lernen, dass ungehemmte Freiheit widersprüchlich und destruktiv ist. Unsere Selbstverwirklichung hängt von der Selbstverwirklichung der anderen ab. Freiheit beruht auf wechselseitiger Anerkennung, nicht darauf, dass jeder einfach nur macht, was er will. Hegel hat das in seinen *Grundlinien der Philosophie des Rechts* am Beispiel von Liebe und Freundschaft erläutert:

„Hier ist man nicht einseitig in sich, sondern man beschränkt sich gern in Beziehung auf ein anderes, weiß sich aber in dieser Beschränkung als sich selbst."[8]

Bei Hegel manifestiert sich Freiheit in gesellschaftlichen Normen und Praktiken, mit denen wir uns identifizieren können. Ein Beispiel könnte auch ein durchgängiges Tempolimit auf deutschen Autobahnen sein.

Eine Frage der Gewöhnung

Als ich noch in Österreich lebte, war ich über die Geschwindigkeitsbegrenzung auf 130 km/h nicht gerade glücklich. Aber ich hielt sie für sinnvoll. Mein 90-PS-Honda schaffte mit Mühe und Not Tempo 160, eine gravierende Übertretung war also sowieso nicht drin. Tempo 200 lag schlicht jenseits meiner Vorstellungskraft. Wenn wieder mal ein „Autoraser" von der Polizei geschnappt worden war, dann ging es meist um „irre" Geschwindigkeiten von 190 oder so – das reichte damals schon für eine Zeitungsnotiz oder einen Radiobericht. Tempo 200: das kam mir damals wie eine magische Schallmauer vor, die nur Politiker, Schauspieler oder Fußballer ungestraft durchbrechen durften, während jeder andere dafür ein paar Jahre im Knast zu schmoren hätte. In Österreich fing ich schon leicht zu schwitzen an, wenn ich mal 150 fuhr, und das nicht wegen der Geschwindigkeit, sondern aus Angst vor einem Radarblitz. Deutschland schien mir dagegen eine Art Wilder Westen für Autofahrer zu sein – eine gesetzlose Zone, in der das Recht des Stärkeren galt.

In Deutschland änderte auch ich sehr rasch mein Fahrverhalten. Es brauchte keine fünf Tage, um mich an Geschwindigkeiten zu gewöhnen, die ich früher für aberwitzig gehalten hätte. Man gewöhnt sich ans schnelle Fahren, so denke ich heute, weil man es kann und darf. Genauso gewöhnt man sich aber daran, einen Gang runterzuschalten – einfach, weil man es muss.

Ich erinnere mich noch an den Aufstand gegen die angebliche „Bevormundung", als 2008 das Rauchverbot in Gaststätten eingeführt wurde. Bis in die 1980er Jahre rauchte man in Kneipen, Flugzeugen, Fernsehsendungen ... Auch das Rauchen stand, wie das Auto, einmal für Freiheit und Lebensfreude. Heute finden sich auf den Zigarettenschachteln Warnhinweise mit Bildern von schwarzen Lungenflügeln und lückenhaften Gebissen. Kaum jemand regt sich mehr über Rauchverbote auf, und viele Raucher sind selbst ganz glücklich darüber, dass in Kneipen nicht mehr gequarzt werden darf. Mit einem allgemeinen Tempolimit könnte es ähnlich sein: Auch die deutschen Autofahrer können sich an Tempo 130, oder sagen wir 160, gewöhnen, bis sie es irgendwann ganz normal finden, dass man eben nicht schneller fahren darf. Und irgendwann wird man sich vielleicht auch daran gewöhnen, dass auf Autos Warnhinweise wie auf Zigarettenschachteln stehen müssen – mit Fotos von Schwerverletzten und Autowracks.

Man muss das Tempolimit nur durchsetzen, wenigstens probeweise – wenn man denn will. Daran könnte sich auch zeigen, was eine verantwortungsvolle demokratische Politik von populistischem Stimmenfang unterscheidet. Demokratische Politik muss versuchen, die Bürger davon zu überzeugen, dass eine bestimmte Maßnahme die richtige ist, auch wenn viele sie für falsch halten. Und sie muss es wagen, diese Maßnahme gegen Widerstände durchzusetzen – in der Hoffnung, dass auch die Gegner sie am Ende akzeptieren, weil sie sich in der Praxis als sinnvoll erweist. Die Geschichte des Rauchverbots lehrt auch, dass die Politik nicht immer auf vernünftige Einsicht hoffen darf. Jahrelang hatte man es mit freiwilligen Vereinbarungen mit der Gastronomie versucht, die letztlich nicht fruchteten; Ähnliches gilt für die „Richtgeschwindigkeit" von 130 Stundenkilometern auf der deutschen Autobahn.

Es waren nicht Studien, Argumente und moralische Appelle, die die Leute vom Rauchen abhielten. Es war am Ende das Verbot. Wenn wir das Rasen auf deutschen Autobahnen nicht wollen, dann müssen wir es verbieten, und zwar gerade weil es für das Selbstverständnis des deutschen Fahrers bis heute so wichtig ist. Denn dieses Selbstverständnis kann sich ändern. Der deutsche Fahrer hat kein unveränderliches „Wesen", keinen eingebauten Bleifuß. Er muss nicht rasen, er kann auch anders. Und er kann vielleicht auch akzeptieren, dass ein Tempolimit am Ende allen hilft, besser und sicherer voranzukommen. Eben darin liegt seine Freiheit – und nicht in Tempo 280 auf der Autobahn.

Fahrerdämmerung

Stellen Sie sich vor, Sie steigen morgens ins Auto, geben das Ziel ein – und der Wagen fährt einfach los. Weder müssen Sie Gas geben, noch lenken oder bremsen, und auch auf den Verkehr brauchen Sie nicht zu achten. Während der Fahrt können Sie Zeitung lesen oder Ihre Mails checken, wie in der Bahn oder im Flugzeug. Das Auto fährt selbstständig und bringt Sie zügig und sicher ans Ziel.

Das Fahren per Autopilot ist keine Fiktion mehr. Noch gibt es zwar eine Reihe von technischen und rechtlichen Problemen, doch die ersten Fahrzeuge sind bereits im Testeinsatz. Wenn es nach vielen Experten geht, dann könnte das „autonome Fahren" auf der Basis von Sensoren und intelligenten Algorithmen schon bald unsere Mobilität revolutionieren: „Das selbstfahrende Auto ist mehr als intelligente Technik", schreibt der Autoexperte Ferdinand Dudenhöffer begeistert: „Es verändert unser Denken, unsere Gesellschaft, unsere Werte."[1]

Die Geschichte des Automobils begann mit der Vision eines selbstlaufenden Fahrzeugs, das weder menschliche Muskelkraft noch Zugpferde benötigte. Das autonome Auto beruht auf der Idee einer Selbstbewegung, die nicht einmal mehr den Fahrer braucht. Es ist der Endpunkt einer Entwicklung, die mit den ersten elektronischen Fahrerassistenzsystemen begann. Die Idee lag darin, Fehler des Fahrers zu korrigieren; das Auto sollte selbst „mitdenken". Ein frühes Beispiel war das Antiblockiersystem ABS, entwickelt bereits in den 1960er Jahren, das den Bremsvorgang automatisch so steuert, dass die Räder nicht „blockieren", der Wagen also lenkbar bleibt. Das ESP, eingeführt in den 1990er Jahren und längst Standard in allen Autos, verhindert durch gezieltes Bremsen einzelner Räder das Ausbrechen des Wagens. Der Fahrer kann diesen Eingriff nicht verhindern, sofern er das ESP nicht ausgeschaltet hat. Insofern übernahm in bestimmten Situationen die Elektronik de facto die Kontrolle über das Fahrzeug.

Heute unterscheidet man zwischen verschiedenen Stufen der Automatisierung, bei denen sich immer mehr Fahreraufgaben auf den Computer verlagern, vom Abstandhalten bis zum Einparken, bis sich das Fahrzeug am Ende vollkommen selbst steuert und der Fahrer überhaupt nicht mehr eingreifen muss.

Die Idee des autonomen Fahrens ist nicht neu. In den USA diskutierte man unter dem Stichwort „Magic Highway" bereits in den 1940er Jahren über die Möglichkeit, Autos per Magnetkabel über die Autobahnen zu leiten und auch zu steuern. In Science-Fiction-Romanen der 1950er und 1960er Jahre kamen selbstfahrende Autos vor, die mit Sprachbefehlen gesteuert werden konnten. Berühmt wurde der Rennkäfer Herbie aus dem Film *The Love Bug* (*Ein toller Käfer*, 1968), der nicht nur selbstständig fuhr, sondern auch menschliche Eigenschaften hatte. Doch erst die Digitalisierung hat die Vision des autonomen Autos in greifbare Nähe gerückt. Bereits heute sind Autos rollende Computer, die permanent Daten verarbeiten, von Messwerten wie Außentemperatur und Fahrzeugabstand bis zur Navigation; die Software heutiger Fahrzeuge kommt auf rund 100 Millionen Zeilen Programmcode. „Die Automobilindustrie muss sich auf einen radikalen, historisch einzigartigen Wandel einstellen", schreiben Andreas Herrmann und Walter Brenner: „Die klassischen Unternehmen, zumindest einige von ihnen, dürften sich zu digitalen Fahrzeugherstellern entwickeln."[2]

Total vernetzt

Autonome Autos sind im Prinzip vernetzte digitale Systeme, die selbstständig mit ihrer Umgebung kommunizieren. Eine zentrale Steuerungseinheit wertet Daten aus dem Fahrzeugumfeld aus und gibt den Antriebssystemen, also etwa dem Motor, entsprechende Anweisungen. Zugleich kommuniziert das System mit der Verkehrsinfrastruktur, z. B. mit Ampeln oder Verkehrsschildern, sowie mit anderen Fahrzeugen. Was Menschen ganz leicht fällt, ist für Maschinen oft ungeheuer schwierig – und umgekehrt. Autofahren ist eine hochkomplexe Tätigkeit, die aus Tausenden von Entscheidungssituationen besteht. Maschinen waren damit lange Zeit überfordert. Das hat sich jedoch geändert, zum einen durch die rasant steigende Rechenkapazität, zum anderen durch Fortschritte in der Softwareentwicklung, die unter dem Stichwort „Künstliche Intelligenz" (KI) zusammenlaufen. Bei der KI geht es um die Automatisierung intelligenten Verhaltens, um den „Dreischritt von Erkennen, Erkenntnis und Umsetzung in eine Handlung"[3], wie der Autor Thomas Ramge schreibt. Das Prinzip besteht darin, Muster in Daten zu erkennen, daraus eine Erkenntnis abzuleiten – und diese Erkenntnis dann in entsprechendes Handeln umzusetzen.

Menschliche Fahrer müssen ständig die Verkehrssituation im Auge haben, das Verhalten anderer Verkehrsteilnehmer beobachten und antizipieren. Auf Basis dieser Informationen treffen sie ihre Entscheidungen über das jeweilige Fahrmanöver, vom Überholen bis zur Vollbremsung. Das autonome Auto funktioniert prinzipiell ähnlich: Aus Sensoren und hochauflösenden Kameras gewinnt das System Echtzeitinformationen über das Fahrzeugumfeld, von seiner Position im Straßenverkehr über Verkehrsschilder bis zum Verhalten anderer Fahrzeuge, und leitet daraus eine bestimmte Erkenntnis ab, zum Beispiel die, dass es an einer Kreuzung stehenbleiben muss. Die Algorithmen entscheiden dann über das angemessene Fahrmanöver. Ein Unterschied zwischen Mensch und Maschine liegt dabei in der gigantischen Rechenkapazität, die es der Steuereinheit erlaubt, Myriaden von Details zu berücksichtigen, wie es ein menschlicher Fahrer niemals könnte. Die besten Systeme können heute zuverlässig kleinste Hindernisse auf der Fahrbahn erkennen und dabei unterscheiden, ob es sich zum Beispiel um einen Papierfetzen oder einen Stein handelt. Das autonome Auto ist dem Fahrer also schlicht kognitiv überlegen, es „sieht" mehr und reagiert schneller. Dabei werden die Systeme immer intelligenter, weil sie aus Erfahrung lernen, auf Situationen zu reagieren und entsprechend zu handeln. Beim „maschinellen Lernen" greifen die Algorithmen auf sogenannte Feedback-Daten zurück, die während der Fahrt ständig gewonnen werden; dazu gehört etwa die Erfahrung, dass LKWs öfter ausscheren, auch wenn von hinten ein Sportwagen heranrast, obwohl das eigentlich gegen die Straßenverkehrsordnung verstößt. Teilautomatische Assistenzsysteme geben Warnhinweise, die der Fahrer befolgen kann oder eben nicht. Beim vollautonomen Auto hingegen trifft das System selbst die Entscheidung und setzt sie in eine Handlung um.

Bessere Fahrer

Autonome Autos sind „cyberphysische Systeme", also physische Maschinen, die von künstlicher Intelligenz gesteuert werden. Das verändert den metaphysischen Charakter des Autos fundamental: Lange Zeit war das Auto ein „Stand-alone-System". Nun aber entwickeln sich Autos zu „Ökosystemen", die mit anderen Fahrzeugen ebenso kommunizieren wie mit der Infrastruktur und Mobilitätsdiensten, schreiben Brenner und Herrmann. Die Fahrerperspektive ist nicht mehr das eine Zentrum, in dem das Verkehrsgeschehen scheinbar zusammenläuft. Das autonome Auto hat einen multiperspektivischen Blick. Es kann die Situation aus verschiedenen Blickwinkeln betrachten – auch deshalb ist es dem menschlichen Fahrer überlegen. Die traditionelle Fahrerperspektive gründet darauf, dass der Fahrer der Herr im Auto ist. Ob lenken, bremsen oder beschleunigen: Das Auto macht grundsätzlich, was der Fahrer will. Und wenn das ESP mal verhindert, dass der Wagen aus der Kurve fliegt, dann soll es sich für den Fahrer wenigstens so anfühlen, als sei es die eigene Fahrkunst gewesen. Das autonome Auto verändert die ganze Idee des Fahrens. Es bedeutet Aufgabe von Souveränität, Verlust von Kontrolle – und damit von Macht. Mit dem konventionellen Auto kann der Fahrer Risiken eingehen und schwere Fehler machen. Zur Freiheit des Fahrens gehört das gekonnte Überholmanöver ebenso wie die Möglichkeit, mit vollem Tempo in den Gegenverkehr zu rasen. Es kommt eben auf den Fahrer an. Der frühere Rallye-Weltmeister Walter Röhrl erklärte einmal, warum er nie autonom fahren wolle: „Ich will selber der Chef sein und der Grund, warum das Auto gut fährt."[4]

Schon heute vertrauen wir in vielen Bereichen darauf, dass Computersysteme bestimmte Tätigkeiten besser beherrschen als wir. So könnte kein menschlicher Pilot ein Flugzeug präziser fliegen als ein Autopilot, jedenfalls in Standardsituationen. Autonomes Fahren funktioniert zwar noch nicht perfekt, wie eine Reihe von Unfällen gezeigt hat. Aber bei guten Wetterbedingungen und auf der Autobahn sind Roboterautos heute schon bessere Fahrer als Menschen. Es ist vermutlich nur eine Frage der Zeit, bis die Systeme auch mit schwierigeren Bedingungen zurechtkommen.

Computergesteuerte Autos werden nicht müde, lassen sich nicht ablenken oder provozieren, betrinken sich nicht – und sie verfallen in keinen Geschwindigkeitsrausch. Das autonome Auto folgt keinem archaischen Antrieb, sondern nur der Logik, möglichst sicher und zügig ans Ziel zu kommen. Insofern bringt es Rationalität auf die Straße, es „handelt" aus vernünftigen Gründen. Dadurch bedeutet es eine narzisstische Kränkung für die deutschen Fahrer, von denen sich bekanntlich 90 Prozent für überdurchschnittlich befähigt halten. Der Philosoph Günther Anders konstatierte in seinem Buch *Die Antiquiertheit des Menschen* einmal das Gefälle zwischen der Unvollkommenheit des Menschen und der Perfektion der von ihm geschaffenen Maschinen, er schrieb von der „prometheischen Scham", die den Menschen angesichts der Überlegenheit seiner eigenen technischen Schöpfungen befalle. Die „prometheische Scham"[5] des deutschen Autofahrers könnte bald in der Einsicht liegen, dass das eigene Auto besser fährt als er selbst.

Das größte Sicherheitsrisiko beim Autofahren ist heute der Mensch. Bei rund 60 Prozent der Unfälle mit Personenschaden liegt ein Fehlverhalten der Fahrer vor. Mit autonomen Autos, so glauben viele Experten, ließe sich die Zahl der Toten und Verletzten im Straßenverkehr drastisch reduzieren. Wegen der harmonischen, „vernünftigen" Fahrweise autonomer Autos soll auch der Kraftstoffverbrauch sinken, und damit die umweltschädlichen Emissionen. Vor allem aber könnten selbstfahrende Autos Zeit schenken. Man muss den Wagen nicht mehr selbst steuern, sondern kann während der Fahrt andere Dinge tun. „Wir müssen nicht mehr pausenlos auf den Verkehr achten und krampfhaft das Lenkrad in der Hand halten", schreibt Dudenhöffer: „Nach 130 Jahren Automobil können wir dank automatisiertem Fahren die Zeit im Auto sinnvoll nutzen." Früher war der Fahrer der Held, die Insassen nur Statisten, so Dudenhöffer, dieses Bild verschiebe sich nun: „Spaß und Emotion finden zukünftig im Inneren des Fahrzeugs statt."[6] Die Frage ist allerdings, ob die Fahrer, und insbesondere die deutschen, das auch wollen.

Das autonome Auto bedeutet das Ende der Fahrerperspektive. Autofahren – das heißt dann nicht mehr Gas geben, lenken und bremsen. Es bedeutet überhaupt nicht mehr „fahren", sondern „gefahren werden". Der Fahrer ist nicht mehr der Held, der beherzt aufs Gaspedal tritt, der seine Lust an der Beschleunigung auslebt. Er schrumpft zusammen auf einen Mit-Fahrer, der sich von seinem Auto einfach nur transportieren lässt. Bei anderen Produkten und Dienstleistungen erleichtert die Automatisierung das Leben, man denke etwa an Geschirrspülmaschinen oder Geldautomaten. Beim Automobil hingegen ist das nicht für jeden so offensichtlich. Zwei Drittel der deutschen Autofahrer, so ergab die *Mobilitätsstudie 2018* des Autozulieferers „Continental", genießen das Fahren, und drei von vier Befragten fürchten, dass in autonomen Autos Fahrfreude verloren geht.[7]

Und der Fahrspaß?

Bis heute weiß niemand, wie die Fahrer ihre Autos nutzen werden, wenn sie sich nicht mehr aufs Fahren konzentrieren müssen – und ob sie überhaupt auf ihren Fahrspaß verzichten werden. So fragte der *Spiegel* schon vor drei Jahren in einer Titelgeschichte: „Kann das Auto noch das Symbol für Abenteuer bleiben, wenn das Fahren so prickelnd ist wie eine Reise mit dem Linienbus?"[8] Sicher kann man, wie Dudenhöffer, darauf hoffen, dass dann die Freude an der „Ästhetik der digitalen Intelligenz"[9] in den Vordergrund tritt. Man kann sich allerdings auch fragen, ob man an einem perfekten Überholmanöver seines Autos auch dann noch Freude hat, wenn man es gar nicht selbst durchführt, sondern der Computer.

Das bringt auch die deutsche Autoindustrie, die das Auto bislang immer um den Fahrer herum entwickelt hat, in ein Dilemma. Die Geisteshaltung der Branche sei immer noch geprägt vom „Gerät Automobil"[10], schreiben Weert Canzler und Andreas Knie, dazu zitieren sie einen Mercedes-Benz-Werbeprospekt zur Internationalen Automobil-Ausstellung (IAA) in Frankfurt aus dem Jahr 2015. Der Mensch sei der „unberechenbarste Teil" im Auto, so heißt es in dem Prospekt, deshalb wolle man ihn mit dem

„wohl intelligentesten Fortbewegungsmittel unserer Zeit" zu-
sammenbringen: „Ein Auto, das selbst zum Fahrer wird – voller
Technologie, die die Mobilität der Zukunft so sicher und vorausschauend macht wie nie zuvor." Dann werden die Assistenzsysteme der damals neuen E-Klasse beschrieben, wie Kameras, Radar,
Laser-Sensoren und Einparkhilfe, die dem Besitzer das Fahren abnehmen sollen. Am Ende kommt dann die vielleicht wichtigste
Botschaft für den deutschen Kunden:

> „Aber nur, wenn Sie wollen: Seit wir vor fast 130 Jahren
> das Auto erfunden haben, ist uns eines bewusst: Beim
> Fahren geht es nicht alleine darum, von A nach B zu kom-
> men. Es geht um das Fahren selbst. Und so werden wir
> auch in Zukunft neben dem autonomen Fahren das bie-
> ten, wofür man einen Mercedes liebt: die Lust am Auto-
> mobil."[11]

In der Kommunikationstheorie nennt man das einen „Double
Bind", eine doppeldeutige Kommunikation, bei der ein Sender
zwei widersprüchliche Botschaften aussendet: Der Kunde soll einerseits Autos kaufen, die selbst fahren, andererseits seinen Fahrspaß nicht verlieren.

Autonomes Fahren heißt, Verantwortung abzugeben. Das
führt zu einer Reihe von schwierigen technischen und ethischen
Fragen. Denn auch autonome Autos können Fehler machen, weil
sie zum Beispiel ein Hindernis nicht als solches erkennen. Und
im Straßenverkehr kommen sie womöglich in gefährliche Situationen, in denen sie Entscheidungen über Leben und Tod treffen
müssen. Typische Beispiele sind etwa Fragen wie jene, wie man
reagieren soll, wenn man vor der Wahl steht, ein Kind zu über-
fahren oder in eine Gruppe von Personen zu rasen – oder wann
man als Fahrer das Leben seiner Insassen gefährden darf, um Fußgängern auszuweichen. Ein Computersystem kann nicht einfach

spontan entscheiden wie ein Mensch. Man muss ihm die entsprechenden Regeln vorher einprogrammieren. Philosophen und Computerwissenschaftler sind heute dabei, eine Maschinenethik zu entwickeln, um diese Fragen zu lösen. Menschen folgen im Straßenverkehr nicht einfach nur Regeln, sondern auch bestimmten „menschlichen" Intuitionen, die sich auch in der Straßenverkehrsordnung widerspiegeln. So lautet die erste Grundregel, die Teilnahme am Straßenverkehr erfordere „ständige Vorsicht und gegenseitige Rücksicht". Wer am Verkehr teilnimmt, der hat sich so zu verhalten, dass „kein anderer geschädigt, gefährdet oder, mehr als nach den Umständen unvermeidbar, behindert oder belästigt wird"[12]. Menschen haben zumeist eine Vorstellung davon, was es in einer bestimmten Situation heißt, auf andere „Rücksicht" zu nehmen. Einem autonomen Auto muss man das erst beibringen. Ebenso zu klären ist, wann der „Fahrer", der ja nun keiner mehr ist, wieder das Steuer übernehmen muss, weil das System mit einer Fahrsituation nicht mehr selbst zurechtkommt.

In einem konventionellen Auto muss der Fahrer jederzeit die Kontrolle über das Fahrzeug haben, so schreibt es das Wiener Übereinkommen über den Straßenverkehr aus dem Jahr 1968 vor. Der Fahrer ist der Herr, das Auto der Knecht. Schon heutige Assistenzsysteme wie das ESP unterlaufen diese Regel. Je mehr Entscheidungen das System trifft, umso mehr kehrt sich das Verhältnis um, das Auto übernimmt selbst die Kontrolle. Aber was wird dann aus dem „Fahrer", der kein Fahrer mehr ist? Ein „Gast", wie in einem Taxi? Ein „Passagier" wie im Flugzeug? Oder eine Art Pilot, der zwar im Normalfall den Computer steuern lässt, aber doch heroisch zur Stelle ist, wenn's einmal brennt?

Das Ende der Fahrerperspektive, das Verschwinden des automobilen Subjekts wird nicht von heute auf morgen kommen. Vermutlich wird das Auto in einem allmählichen Prozess immer mehr Funktionen des Fahrers übernehmen. Es wird vielleicht ähnlich sein wie mit dem Smartphone, das unser Selbst erweitert, indem es uns mit der Welt verbindet. Der „Fahrer" von morgen muss nicht mehr stur auf die Straße starren. Sein Auto selbst erweitert seine Perspektive, seinen Blick auf die Welt. Es ist vernetzt mit der Umgebung, es „spricht" mit anderen Autos, mit den Fußgängern und Radfahrern – mit dem ganzen Verkehr. Ein selbstfahrendes Auto, das sind nicht mehr bloß die 300 Pferdestärken, auf denen wir über die Autobahn reiten. Im Idealfall ist es ein intelligenter Partner, der uns vorausschauend und feinfühlig durchs Verkehrsgewusel navigiert, auf andere Verkehrsteilnehmer achtet – und niemandem lichthupend an der Stoßstange klebt. Das autonome Auto, so könnte man sagen, bringt das Beste von uns auf die Straße. Es ist gleichsam die dialektische Vollendung des deutschen Freiheitsentwurfes, den wir Automobil nennen: Der deutsche Fahrer kommt zu sich selbst, indem er sich aufhebt – und sich vom eigenen Auto fahren lässt, weil es besser fährt als er selbst.

Kapitel 10

Gegen die Wand

„Eigentlich sollte hier unsere Anzeige zum 25. Jahrestag der Wiedervereinigung stehen", hieß es in den großformatigen Werbeanzeigen, die der Volkswagenkonzern am 4. Oktober 2015 in mehreren großen Zeitungen veröffentlichte. Eigentlich habe man sagen wollen, wie sehr man sich freue, dass Deutschland wieder „zusammengewachsen" sei. Wie stolz man sei, dieses Land gemeinsam mit allen gestaltet zu haben. Zum Jahrestag der Wiedervereinigung habe man den Kunden, Mitarbeitern und Handelspartnern einmal „Danke" sagen wollen. Doch nun wolle man nur „einen einzigen Satz" sagen: „Wir werden alles tun, um Ihr Vertrauen zurückzugewinnen."

Zwei Wochen zuvor war der größte Skandal der deutschen Automobilgeschichte ins Rollen gekommen. Am 18. September 2018 hatte die *New York Times* von Vorwürfen der amerikanischen Umweltbehörde EPA gegen Volkswagen berichtet. Der Konzern werde beschuldigt, Abgaswerte manipuliert und damit vorsätzlich die US-Abgasvorschriften umgangen zu haben; Volkswagen werde angewiesen, 500 000 Fahrzeuge aus den letzten sechs Jahren zurückzurufen. Der Zeitpunkt war perfekt gewählt. Es war der Tag vor der Eröffnung der Internationalen Automobilausstellung, bei der die Hersteller traditionell ihre neuesten Modelle präsentierten, bei der sich die gesamte Branche trifft – und die Weltöffentlichkeit hinschaut.

Bei den Vorwürfen der EPA ging es konkret um eine illegale Software zur Motorsteuerung, die am Prüfstand niedrigere Abgaswerte vortäuscht; dabei erkennt die Software die Prüfsituation und optimiert die Abgasreinigung, während diese im normalen Fahrbetrieb wieder ausgeschaltet wird. Auch wenn das zunächst sehr technisch klang, wurde schnell klar, was das bedeutete. Derartige „Abschaltvorrichtungen" sind weder in den USA noch in der EU erlaubt. Volkswagen hatte offenbar in großem Stil betrogen. Der Konzern gab die Manipulationen umgehend zu; VW-Chef Martin Winterkorn entschuldigte sich per Videobotschaft und kündigte eine externe Untersuchung an, unmittelbar darauf trat er zurück. Rasch wurde bekannt, dass sich der Skandal nicht auf den US-Markt beschränkte. Die Manipulationen mit der illegalen Software betrafen weltweit 11 Millionen Fahrzeuge mit der Motorenreihe EA 189.

Radikaler Umbruch

Das ganze Ausmaß des Dieselskandals lässt sich heute kaum noch überblicken. Nicht nur Volkswagen hat in großem Stile manipuliert, sondern vor allem auch die VW-Tochter Audi, die sich ihres „Vorsprungs durch Technik" rühmt; im Juni 2018 wurde Audi-Chef Rupert Stadler sogar für einige Monate in Untersuchungshaft genommen. Auch bei Porsche entdeckte das Kraftfahrt-Bundesamt verdächtige Software und ordnete Rückrufe bei den Diesel-Modellen des *Porsche Cayenne* und *Macan* an, seit Sommer 2018 weiß man, dass auch Daimler in den Skandal verstrickt ist. Der Konzern musste europaweit rund 690 000 Diesel-Mercedes zurückrufen. Die Ermittlungen gegen die Konzerne fördern immer neue Details zutage. Vor allem wird immer deutlicher, dass es nicht einfach nur um einzelne Verfehlungen untergeordneter Ingenieure geht. Der Betrug hatte offenkundig System. Seine eigentlichen Wurzeln reichen bis tief ins Herz der deutschen Automobilindustrie.

Der Abgasskandal fällt mitten in eine Zeit des radikalen Umbruchs der Autoindustrie. Die Tage des Verbrennungsmotors sind gezählt. Der Klimaschutz zwingt die Hersteller dazu, auf neue Antriebstechnologien wie Elektromobilität umzusteigen; zugleich revolutioniert die digitale Transformation auch das Automobil. Das ganze Geschäftsmodell der Industrie gerät ins Wanken, vom Aussterben der klassischen Autohäuser bis zu Carsharing-Angeboten.

Sparsam und kraftvoll

Der Dieselantrieb galt jahrzehntelang als der ganze Stolz der Autobauer, obwohl man schon lange wissen konnte, dass die Technologie eigentlich keine Zukunft hat. Er hat vor allem zwei Vorteile. Erstens verbraucht er weniger Kraftstoff und produziert damit viel weniger vom Klimagas CO_2. Zweitens hat der Diesel ein höheres Drehmoment – und damit mehr spürbare Zugkraft, wenn man aufs Gas steigt. Auf den ersten Blick scheint der Diesel dem Benziner also in jeder Hinsicht überlegen zu sein. Kraftentfaltung und Sparsamkeit zugleich: Im Dieselantrieb selbst steckt schon die Fahrerperspektive, die den Deutschen so heilig ist.

Als zur Jahrtausendwende die Notwendigkeit des Klimaschutzes ins öffentliche Bewusstsein trat, konnte man die Kunden beruhigen. Mit einem Diesel, so schien es, konnte man wegen der niedrigeren CO_2-Emissionen mit ruhigem Gewissen weiterfahren, ohne damit den Planeten zu zerstören – und dabei auch noch Fahrspaß haben, dank immer sportlicherer, leistungsstärkerer Dieselfahrzeuge. Die Autoindustrie propagierte den Diesel als überlegene Technologie, die den Weg in eine saubere Zukunft weisen sollte – und zwar weltweit.

Allerdings gab es ein Problem: Der Diesel stößt zwar weniger klimaschädliches CO_2 aus, dafür aber umso mehr Feinstaub und Stickoxide, die zu Gesundheitsschäden führen können. Schon

Anfang der 2000er Jahre machte der Feinstaub Probleme, später waren es dann die Stickoxidemissionen in den Großstädten. All das konnte man schon früh wissen. Aber man glaubte, auch dieses Problem technisch im Griff zu haben. Wenn der Diesel Schadstoffe in die Luft bläst, so dachte man, dann muss man die Abgase eben reinigen, ohne dabei den Komfort des Fahrers zu beeinträchtigen. Bis heute sind die Verantwortlichkeiten im Abgasskandal zwar nicht genau geklärt. Doch nach allem, was wir wissen, war es ein Gemisch aus wirtschaftlichen und technischen Faktoren, das Deutschlands Autohersteller schließlich dazu trieb, die Abgaswerte ihrer Fahrzeuge zu manipulieren. Es war, so glaube ich, die Fahrerperspektive der deutschen Autoindustrie, die immer noch darauf ausgerichtet ist, das Auto um den Fahrer herum zu bauen, um seine Bedürfnisse und Wünsche, nämlich einfach nur schnell und komfortabel voranzukommen. Es war immer noch die alte deutsche Idee des Automobils als Freiheitsentwurf, mit der man die Straßen der Welt erobern wollte.

Außerhalb Europas waren Diesel-PKWs eigentlich immer unbeliebt, unter anderem wegen des lauten Motorengeräuschs („Nageln") und des Gestanks der Abgase. Während der Marktanteil in Deutschland vor dem Abgasskandal noch fast 50 Prozent betrug, waren es in den USA weniger als drei Prozent und in China nur 0,3 Prozent; seither sank der Diesel-Marktanteil bei Neuzulassungen auch in Deutschland auf rund 35 Prozent (2018). Der europäische Markt allein ist viel zu klein, um die Milliardeninvestitionen in den Diesel zu rechtfertigen. Wenn die deutsche Autoindustrie weiter wachsen wollte, dann musste sie den Diesel in alle Welt exportieren, vor allem aber in die USA. Mit einer millionenschweren „Clean-Diesel"-Werbekampagne versuchte man, die Amerikaner für die angeblich so überlegene deutsche Technologie zu begeistern; dabei konnte man auf die besondere Reputation des deutschen Autos bauen, das gerade bei den Amerikanern den Ruf technischer Perfektion besitzt.

Technische Tricks

Bei der Verbrennung von fossilen Brennstoffen entstehen neben Wasserdampf und CO_2 auch schädliche Nebenprodukte wie Kohlenmonoxid, Partikelemissionen („Ruß") und Stickoxide. Beim Benzinmotor erfolgt die Abgasreinigung heute über Dreiwegekatalysatoren, die die Luftschadstoffe gleichzeitig chemisch umwandeln. Der Dreiwegekatalysator funktioniert beim Diesel allerdings nicht, weshalb man andere Lösungen entwickelte: einen sogenannten Oxidationskatalysator sowie einen nachgeschalteten Rußpartikelfilter. Doch diese Verfahren genügten nicht, um den weiter verschärften Abgasgrenzwerten zu entsprechen, es brauchte immer mehr technische Tricks, wie die sogenannte selektive katalytische Reduktion, bei der Stickoxide am Katalysator durch die Zugabe von Ammoniak reduziert werden, indem man verdünnten Harnstoff in die Abgase spritzt. Da Harnstoff mit Urin verwandt ist, nannte man das Mittel zur Abgasnachbehandlung lieber *Adblue*, die entsprechenden Automodelle trugen Namen wie *BlueMotion* (Volkswagen) oder *Bluetec* (Mercedes).

Die Industrie feierte die neuen Abgasreinigungssysteme als Triumph deutscher Technik: „Die deutsche Automobilindustrie war den Abgasgesetzen der Europäischen Union mit ihrem technologischen Entwicklungstempo stets voraus"[1], erklärte der Verband der deutschen Automobilindustrie. Die Botschaft war klar: Umweltprobleme lassen sich technisch lösen, niemand braucht deswegen auf Fahrkomfort zu verzichten. Damit wollte man im Zuge der Clean-Diesel-Kampagne auch die innovationsgläubigen Amerikaner überzeugen.

Das Verfahren war tatsächlich ein technischer Durchbruch, mit Adblue lässt sich der Stickoxidausstoß um bis zu 95 Prozent senken. Der Nachteil ist allerdings, dass die Autofahrer immer wieder Harnstoff „nachtanken" müssen. Damit stellte sich das Problem, den Verbrauch von *Adblue* so zu minimieren, dass der Harnstoff von einem Werkstattbesuch zum nächsten reicht; in den USA waren das 10 000 Kilometer oder 16 000 Meilen. Bei Audi gab man daher für einen 3-Liter-Dieselmotor einen Verbrauch von maximal 1 Liter *Adblue* auf 1000 Kilometern vor, das Nachtanken des Mittels hielt man offenbar für unzumutbar. Nach einem Bericht der *Süddeutschen Zeitung* führte eben diese Vorgabe Volkswagen und Audi „geradewegs ins Desaster"[2]. Denn die Audi-Ingenieure erkannten schnell, dass sich die Vorgabe im Fahrbetrieb einfach nicht realisieren ließ, die Testfahrzeuge verbrauchten manchmal sogar dreimal so viel von dem Mittel; ein Nachtanken von *Adblue* ließ sich offenbar nicht vermeiden. Vor allem die Vertriebsleute hätten die Ingenieure unter Druck gesetzt, heißt es in dem *SZ*-Bericht. Man fürchtete offenbar das Scheitern der ganzen Clean-Diesel-Strategie.

Irgendwann muss den Verantwortlichen dann klargeworden sein, dass man die Vorgaben auf legalem Weg nicht erfüllen konnte. In der Mail eines Audi-Mitarbeiters vom Januar 2008 heißt es „ganz ohne Bescheißen" werde man die Vorgaben nicht einhalten können. Ein Dieseltechniker habe daraufhin die „Einführung zweier Betriebsmodi"[3] vorgeschlagen: im ersten Modus sollte die Abgasreinigung 90 Prozent der Schadstoffe herausfiltern, in einem „Sparmodus" dagegen nur 30 bis 70 Prozent. Schließlich diskutierte man die Frage, wie ein Fahrzeug erkennen kann, dass es gerade auf dem Prüfstand steht, um rechtzeitig in den effizienten Reinigungsmodus zu schalten.

Das Beispiel der „Pipi"-Ingenieure ist aus meiner Sicht vor allem deswegen so aufschlussreich, weil es zeigt, wie im Abgasskandal technischer Ehrgeiz und wirtschaftliche Vorgaben zusammenwirkten. Die Ingenieure wehrten sich zwar offenbar gegen den Druck des Vertriebs, doch als nichts Anderes mehr half, nutzten sie ihre Erfindungskraft und ihren Perfektionismus für einen möglichst perfekten Betrug. „Sie konnten gegenüber ihren Vorgesetzten ihr Versagen zugeben, oder sie konnten betrügen", schreibt der *New-York-Times*-Journalist Jack Ewing in seinem Buch über den Volkswagen-Skandal: „Konfrontiert mit dem möglichen Verlust ihres Jobs, entschieden sie sich für die zweite Option."[4] Es ist zu einfach, den Konzernen nur ethisches Versagen vorzuwerfen. Aus heutiger Sicht kann man sich fragen, warum die deutschen Autohersteller überhaupt jemals alles auf den Diesel gesetzt haben. Eine der Erklärungen lautet, dass man lange gar nicht wusste, wie dreckig der Antrieb wirklich war. Natürlich war klar, dass der Diesel Feinstaub und Stickoxide ausstößt. Doch dabei verließ man sich auf die Abgastests am Prüfstand, die nicht viel darüber aussagen, wie viele Schadstoffe ein Auto im Straßenverkehr ausstößt. Aus Ingenieurssicht wusste man genau, wie man den Motor auf den Prüfstand abstimmen musste, um die vorgegebenen Normen zu erfüllen.

Tunnelblick

Was man dagegen nicht wirklich wusste, das war, wie es sich mit den Emissionen beim fahrenden Fahrzeug verhält, welchen Einfluss zum Beispiel die Fahrweise hat. Das war die Fahrerperspektive, der Tunnelblick: Zwar ahnte man natürlich, dass die Bedingungen am Prüfstand nicht unbedingt realistisch waren. Doch vielleicht erlag man auch der Selbsttäuschung, dass die tatsächlichen Emissionen vielleicht gar nicht so schlimm wären. Aus Ingenieurssicht lieferte der Abgastest jedenfalls die nötigen Informationen, an denen man sich bei der Fahrzeugentwicklung orientieren konnte. In der *Zeit* erzählte ein Bosch-Ingenieur, wie erstaunt er selbst war, als er und seine Kollegen erstmals die Abgaswerte eines fahrenden Autos überprüften – und dabei feststellten, dass die Stickoxidwerte im Stau plötzlich dramatisch anstiegen und ein Mehrfaches über den Grenzwerten lagen. Der Fehler lag offenbar darin, dass sich der Katalysator abgekühlt hatte.[5]

Das Problem hat man seither gelöst, nun soll die Stickstoffbelastung nur mehr ein Zehntel des Grenzwertes betragen. Der
neue Wundermotor von Bosch, angeblich der sauberste Diesel
der Welt, soll demnächst in Serie gehen. Wieder gilt das lästige
Problem als gelöst. Nur hilft das erstens jenen nicht, die auf ihrem alten Diesel sitzen, mit dem sie womöglich bald nicht mehr
in die Städte fahren dürfen. Zweitens hat der Abgasskandal die
Reputation des Antriebs derart nachhaltig beschädigt, dass man
sich fragen kann, warum man den neuesten technologischen Ver-
heißungen der Autoindustrie glauben soll. Eine der vielen desas-
trösen Folgen des Abgasskandals für die deutschen Hersteller ist
wohl, dass der Diesel in den USA kaum noch eine Zukunft hat.
Selbst Volkswagen-Boss Herbert Diess hat Zweifel: „Wir haben
die Technik durch das Verhalten in den USA diskreditiert, keine
Frage", sagte er in einem Interview: „Ich hoffe, dass wir den Diesel nicht auf dem Gewissen haben."[6]

Die deutschen Autobauer stehen vor einem gewaltigen Problem. Bis zu 80 Prozent der verkauften Fahrzeuge hatten bislang
einen Dieselantrieb. „Die deutsche Autoindustrie steht nicht zuletzt durch ihre Dieselgläubigkeit aktuell an einem höchst gefährlichen Punkt", schreibt Ferdinand Dudenhöffer: „Jahre wurden
verschwendet an einen Antrieb, der selbst unter höchsten Investi-
tionsaufwendungen nicht dauerhaft zukunftsfähig gemacht werden kann."[7]

Trotz allem besteht kein Zweifel, dass die deutschen Hersteller
weiterhin versuchen werden, noch eine Zeitlang am Diesel festzuhalten. Die neue Losung lautet, man benötige die Technik wegen der geringeren CO_2-Emissionen für den Übergang zur Elektromobilität. Gerade im Hinblick auf den Klimaschutz brauche
man den Diesel „auch in zehn Jahren"[8] noch, sagt Diess. Ähnlich
meinte auch BMW-Chef Harald Krüger, der Diesel gehöre zur
Mobilität der Zukunft „unbedingt dazu"[9]. Und auch der schei-
dende Daimler-Chef Dieter Zetsche meinte immerhin, man sei

„davon überzeugt, dass der Diesel nicht zuletzt wegen seiner niedrigen CO_2-Emissionen auch künftig ein fester Bestandteil im Antriebsmix sein wird."[10] Allerdings kann man das auch ganz anders sehen. Der Abgasskandal ist noch lange nicht ausgestanden. Bisher hat sich die Autoindustrie erfolgreich gegen Hardware-Nachrüstungen bei den alten Dieseln gewehrt, weil Software-Updates schlicht viel billiger sind. Selbst wenn die neuen Euro-6-Diesel so fantastisch sauber sind, wie die Industrie behauptet, bleibt immer noch die Frage, warum man sich ein neues Auto kaufen soll, nur weil die Hersteller versagt haben.

Der Dieselskandal habe „schmerzhaft gezeigt, wie wenig Anpassung und Flexibilität es in der deutschen Autobranche gibt", schreiben die Mobilitätsforscher Weerk Canzler und Andreas Knie: „Wie ein störrischer Esel hält die Branche weiter am Dieselmotor fest."[11] Doch die „fetten Jahre" in der Autoindustrie seien „erst einmal vorbei"[12], heißt es in einer Studie des Center of Automotive Management (CAM). In den letzten Jahren konnten die Autohersteller Jahr für Jahr ihre Umsätze und Gewinne steigern. Doch der Autoboom, so glauben die Experten, sei nun zu Ende, und nicht nur wegen der Dieselkrise und des eskalierenden Handelsstreits mit den USA.

Das eigentliche Problem liegt viel tiefer: Es geht um das Produkt selbst, mit dessen Verkauf die Branche immer noch 99 Prozent ihrer Gewinne macht – es geht um die Zukunft des deutschen Automobils. „Die Branche steht angesichts der Trends von CO_2-Zielen, Elektromobilität, autonomem Fahren und Mobilitätsdienstleistungen vor den größten Umbrüchen ihrer Geschichte"[13], meint CAM-Direktor Stefan Bratzel. Die etablierten Autohersteller müssen sich heute gegen die neue Konkurrenz von Tech-Konzernen aus dem Silicon Valley wehren. Tesla hat mit seinem Sportwagen gezeigt, wie man Elektroautos als cooles Lifestyle-Produkt vermarkten und dabei den klassischen Autovertrieb völlig umkrempeln kann. Die deutschen Hersteller müssen sich also bewegen, eine völlig neue Mentalität entwickeln, wenn sie weiter vorn bleiben wollen.

Dilemma Erfolg

Das Problem der deutschen Autoindustrie ist paradoxerweise ihr gigantischer Erfolg. Seit Jahr und Tag erwirtschaften Volkswagen, Daimler und BMW ihre Gewinne mit einem einzigen Produkt, das sie immer weiter perfektioniert haben. Sie stecken deshalb tief in jenem „innovator's dilemma"[14], das der US-Ökonom Clayton Christensen beschrieben hat. Im Kern geht es dabei darum, dass etablierte Unternehmen die Tendenz haben, zu lange an ihren erfolgreichen Geschäftsmodellen festzuhalten. Sie reagieren zu spät auf disruptive Innovationen und laufen damit Gefahr, schließlich unterzugehen, weil sie sich nicht rasch genug verändern. Allerdings gibt es auch Beispiele von Weltkonzernen, die es geschafft haben, sich radikal neu aufzustellen. Eines der besten Beispiele ist der IT-Konzern IBM, der in den 1990er Jahren sukzessive sein altes Geschäft mit dem Verkauf von Computern aufgab und sich erfolgreich als Dienstleister für IT-Businesslösungen neu erfand. Ein Unterschied zu den deutschen Autoherstellern ist zwar, dass IBM kurz vor der Pleite stand. Aber es gibt auch viele Analogien: Wie die Autohersteller verdiente IBM sein Geld lange Zeit mit einem einzigen Produkt, nämlich dem Verkauf von Großrechnern. Und wie die Autoindustrie wird auch IBM bis heute bewundert für seine Erfindungskraft, auch wenn Google, Apple, Facebook & Co. bei der Innovationskraft mittlerweile die Nase vorn haben.

Man kann den deutschen Autoherstellern nicht vorwerfen, dass sie erst seit der Dieselkrise umzudenken begonnen haben. Tatsächlich stellt man sich schon seit Jahren auf neue Antriebsformen und Mobilitätskonzepte ein. Laut einer Studie des Instituts der deutschen Wirtschaft entfielen 2015 nur noch 30 Prozent der

Patentanmeldungen der Autoindustrie auf konventionelle Antriebe, seither haben sich die Schwerpunkte in Richtung Elektroauto und autonomes Fahren verschoben.[15] Auf die Zahl der Patentanmeldungen allein kommt es allerdings nicht an; die Autoindustrie muss die neuen Konzepte auch auf die Straße bringen. Die zentrale Frage ist, welche Rolle das Produkt Auto im klassischen Sinn in Zukunft überhaupt noch spielen wird. Heute hängen noch 99 Prozent der Branchenumsätze am Produkt Auto und seinen Einzelteilen. Nach Schätzungen der Unternehmensberatung Boston Consulting könnten es im Jahr 2035 nur noch 60 Prozent sein.[16] Die restlichen 40 Prozent des Ertrags sollen dann aus neuen Mobilitätsdienstleistungen kommen, von denen freilich noch niemand genau weiß, wie sie genau aussehen sollen – und wer sie eines Tages anbieten wird, die Autohersteller oder Technologieunternehmen. Lange Zeit konnte man sich in der Sicherheit wiegen, dass es die deutsche Ingenieurskunst mit ihrer ganzen Erfahrung brauche, um ein Auto in höchster Qualität zu fertigen. Seit dem Erfolg von Tesla kann man sich fragen, ob es nicht vielleicht doch schwieriger ist, digitale Mobilitätsplattformen zu entwickeln, als Einspritzsysteme zu optimieren.

Man kann an die Kraft der deutschen Automobilindustrie glauben und hoffen, dass sie den Wandel schafft – schon wegen der Arbeitsplätze, wegen des Wohlstands. Die Frage ist allerdings, ob man daran glauben muss.

Kapitel 11

Dreckiger Diesel

Es war eine Art Bombe, die in eine ohnehin aufgeheizte Debatte einschlug: Eine im Januar 2019 veröffentlichte Stellungnahme von mehr als hundert Lungenfachärzten stellte die geltenden Grenzwerte für Feinstaub und Stickoxide infrage. Das gerade mal zweiseitige Papier genügte, um einen heftigen Streit zu entfachen, wie gefährlich die Diesel-Abgase nun wirklich sind – und ob die ganze Hysterie um Grenzwerte und Fahrverbote nicht einfach übertrieben sei.

„Alles Lüge mit dem Diesel-Feinstaub", schrieb die *Bild*-Zeitung, man schrieb vom „Ärzte-Aufstand gegen Feinstaubhysterie"[1]. Der ADAC forderte gleich mal eine Überprüfung der EU-Grenzwerte: „Wenn Bürger von Fahrverboten betroffen sind, müssen sie sich darauf verlassen können, dass die geltenden Grenzwerte wissenschaftlich begründet sind"[2], sagte etwa der ADAC-Vizepräsident Ulrich Klaus Becker. Bundesverkehrsminister Andreas Scheuer bescheinigte den Ärzten immerhin, „Sachlichkeit und Fakten"[3] in die Dieseldebatte zu bringen, die AfD wiederum sah sich bestätigt in ihrer Kritik an den „völlig überzogenen Grenzwerten"[4]. Das Sensationelle an dem Papier war, dass es mit einem eher schlichten Argument praktisch die gesamte wissenschaftliche Beweislage zur Gefährlichkeit von Luftschadstoffen, belegt in Tausenden von Studien, in Zweifel zog.

Der Verfasser der Stellungnahme, der pensionierte Lungenfacharzt Dieter Köhler, früher Präsident der deutschen Gesellschaft für Pneumologie und Beatmungsmedizin, schreibt darin von „Ideologisierung", von „fehlender wissenschaftlicher Basis" und davon, dass die bisherigen Studien einen „systematischen Fehler" enthielten. Die Daten seien „extrem einseitig interpretiert" worden, und zwar mit der „Zielvorstellung, dass Feinstaub und NO_X schädlich sein müssen"[5]. Dabei zeigten die Daten lediglich eine Korrelation, nicht aber eine Kausalität. Die behauptete Gesundheitsschädlichkeit der Luftschadstoffe müsste sich eigentlich auch in Lungenerkrankungen niederschlagen, wie beim Rauchen, argumentiert Köhler, aber das sei nicht der Fall:

„Lungenärzte sehen in ihren Praxen und Kliniken diese Todesfälle an COPD und Lungenkrebs täglich; jedoch Tote durch Feinstaub und NO_X, auch bei sorgfältiger Anamnese, nie."

Überhaupt sei die Belastung beim Rauchen um ein Vielfaches höher, so sei die Feinstaubkonzentration im Zigarettenrauch eine Million mal größer als der Grenzwert. Wenn also Feinstaub und Stickoxide tatsächlich gefährlich wären, so müssten „die meisten Raucher nach wenigen Monaten alle versterben, was offensichtlich nicht der Fall ist"[6].

Köhlers Papier bestimmte tagelang die Diskussion. Die verunsicherte Öffentlichkeit musste denken, die Wissenschaft sei sich nicht einig in der Frage. Erst Tage später meldeten sich Fachleute zum Thema zu Wort und widersprachen, zugleich wurde klar, dass die Stellungnahme der Ärzte auf keiner wirklichen Expertise beruhte. Von einem Expertenstreit konnte keine Rede sein; die Gruppe um Köhler bildet nur eine kleine Minderheit, einem der Co-Autoren der Stellungnahme sagt man zudem eine Nähe zur Autoindustrie nach, weil er früher Motoren bei Daimler entwickelt hat.

Die Gesellschaft für Pneumologie und Beatmungsmedizin, deren Präsident Köhler einmal war, hatte erst vor kurzem ein Positionspapier mit Hunderten Literaturhinweisen veröffentlicht, in der sie vor der Gefährlichkeit von Luftschadstoffen warnte und konstatierte, dass die gesundheitsschädlichen Effekte „gut belegt" seien; für die deutsche Bevölkerung sei derzeit „kein optimaler Schutz vor Erkrankungen, die durch Luftverschmutzung verursacht werden, gegeben."[7] Auch die führenden Gesellschaften für Lungengesundheit stellten sich gegen eine Aufweichung der Grenzwerte und widersprachen damit Köhler und den Unterzeichnern seines Papiers. In ihrer Stellungnahme betonen die Experten die schädlichen Auswirkungen der Luftverschmutzung, die zu chronischen, langfristig tödlichen Veränderungen führen könnten; schädliche Auswirkungen bestünden sogar unterhalb der internationalen Grenzwerte. Doch als die Wissenschaft endlich reagierte, war Köhler mit seiner Meinung schon längst in verschiedenen Talkshows gewesen.

Komplexe Zusammenhänge

Die Aufregung um die Stellungnahme der Lungenärzte zeigt, wie kompliziert und zugleich emotional Umweltdebatten sein können. Und wenn es ums deutsche Auto geht, dann wird es auch schnell ideologisch. Einerseits geht es um schwer zu durchschauende Statistiken und Studien, um komplexe wissenschaftliche Zusammenhänge, die nicht leicht und schnell zu erklären sind. Andererseits bestimmen Glaubensinhalte und Vorurteile die Diskussion, die leicht dazu verleiten können, eben nur die Fakten zu sehen, die man jeweils sehen will.

Weithin unumstritten ist heute, dass der Straßenverkehr die Hauptquelle für Stickoxidbelastungen in den Städten bildet. Nach Zahlen des Bundesumweltamts tragen dazu Dieselautos mit über 70 Prozent bei. Im Jahr 1999 haben sich die EU-Mitgliedsstaaten auf einen Grenzwert an öffentlichen Straßen von 40 Mikrogramm pro Kubikmeter ab 2010 geeinigt. Die Grundlage war damals eine Empfehlung der Weltgesundheitsorganisation WHO, die vor allem auf Studien zu Atemwegserkrankungen von Kindern basierte, die in Wohnungen mit Gasöfen lebten und dadurch Belastungen von mehr als 30 Mikrogramm Stickoxid ausgesetzt waren. Im Jahr 2005 bestätigte die WHO ihre Empfehlungen, wies jedoch auf die Schwierigkeiten hin, die Wirkung von Stickoxiden von der Wirkung anderer Luftschadstoffe abzugrenzen. Stickstoffoxid ist ein Reizgas, das zu Lungenschäden führen kann und in großen Mengen giftig ist. Kurzfristig hohe Belastungen können Reizwirkungen wie Husten auslösen, die langfristigen Auswirkungen auf gesunde Menschen sind weniger klar. Eine Vielzahl von Studien bringt den Schadstoff jedoch mit Erkrankungen der Lunge und des Herz-Kreislaufsystems in Verbindung, darunter Asthma, Herzinfarkt und Schlaganfällen, außerdem kann andauernde Belastung mit Stickoxiden zu Diabetes, Krebs und Fehlgeburten führen. Besonders gefährdet durch hohe Stickstoffbelastung sind Kleinkinder und alte sowie kranke Personen. Aus Stickoxiden entstehen auch Ozon und der besonders gefährliche Feinstaub, der sogar als das größere Problem gilt.

Feinstaub kann zu einer Reihe von akuten und chronischen gesundheitlichen Effekten führen, unter anderem auf den Atemtrakt und das Herz-Kreislauf-System, wobei es auf die Größe der Partikel ankommt. Kleine Partikel mit einem Durchmesser von weniger als 2,5 Mikrometer dringen tief in die Lunge ein, die Effekte reichen von Schleimhautreizungen und Entzündungen bis zu erhöhter Thromboseneigung. In der EU gilt ein Grenzwert von 25 Mikrogramm, den viele Experten für viel zu hoch halten.

Die Frage ist allerdings, welche konkreten gesundheitlichen Auswirkungen bestimmte Schadstoffkonzentrationen tatsächlich haben. Die Lungenärzte um Köhler haben insofern recht, als Statistiken keinen eindeutigen Ursache-Wirkung-Zusammenhang liefern, weil es viele „Störfaktoren" gibt, die das Auftreten von Krankheiten beeinflussen, wie etwa Rauchen oder Alkoholkonsum. Die Wirkung von Luftschadstoffen auf den Körper lässt sich nicht einfach messen, weil die Effekte sehr komplex sind. Epidemiologische Studien zeigen letztlich nur statistische Zusammenhänge zwischen Schadstoffbelastung und Krankheitsbildern. Es gibt also keinen unmittelbaren „Beweis" dafür, dass die Schadstoffe krank machen, wenngleich es sehr wahrscheinlich ist. Zwar zeigen viele Statistiken, dass Anwohner verkehrsreicher Straßen besonders oft krank werden. Aber man weiß nicht mit letzter Gewissheit, ob es dafür nicht noch andere Ursachen gibt. Um wirklich sicher zu gehen und alle denkbaren „Störfaktoren" zu berücksichtigen, bräuchte es hochkomplexe Studien, die in dieser Form nicht realistisch sind. Das Problem in der Debatte ist, dass sich solche Zusammenhänge nicht leicht vermitteln lassen; ein wichtiger Aspekt ist beispielsweise, dass Stickoxide zwar nicht unmittelbar tödlich sind, aber als „Leitsubstanz" für Luftverschmutzung auftreten, weil Luftschadstoffe immer zusammen mit anderen auftreten.

Die Stellungnahme der Lungenärzte schlug vielleicht auch deshalb so ein, weil ihr Kernargument den „gesunden Menschenverstand" anspricht: Wenn die Luftschadstoffe tatsächlich so gefährlich wären, dann müssten die Raucher, die diese Schadstoffe in viel größeren Konzentrationen einatmen, alle in wenigen Monaten sterben – und da dies nicht der Fall ist, können sie eben nicht gar so gefährlich sein. Richtig daran ist, dass Zigarettenqualm in geschlossenen Räumen Schadstoffkonzentrationen enthält, die weit über den Grenzwerten liegen. Allerdings ist man diesen Konzentrationen eben nicht andauernd ausgesetzt wie bei der Atemluft in der Stadt. Außerdem entscheidet sich der Raucher selbst dazu, sich der Gefahr auszusetzen. Im Februar 2019 enthüllte dann die *Tageszeitung* (*taz*), dass Köhler sich offenbar verrechnet und die Stickstoffbelastung bei Rauchern überschätzt hatte.[8] An seiner grundsätzlichen Einschätzung hielt Köhler jedoch fest.

Die Gefahren ließen sich nicht „wegdiskutieren", meint auch Holger Schulz, Direktor des Instituts für Epidemiologie am Helmholtz-Zentrum München, der selbst mehrere Studien zur Luftverschmutzung durchgeführt hat. „Wir haben es mit einem enormen Gesundheitsproblem zu tun, das praktisch jeden einzelnen Bürger betrifft und dem sich niemand entziehen kann", sagte Schulz in der *Süddeutschen Zeitung*. „Wir können nicht so weitermachen mit unserer ungebremsten Mobilität: Schauen Sie mal, wie viel Platz in unseren Städten für Spielplätze vorhanden ist – und wie viel für Parkplätze."[9]

Die Luft in Deutschland ist in den letzten Jahrzehnten zwar insgesamt viel sauberer geworden, man denke nur an den Rückgang der Schwefeldioxid-Emissionen. Auch die Stickoxidbelastung in Deutschland geht zwar laut UBA insgesamt leicht zurück. Doch auch im vergangenen Jahr wurde der Grundwert von 40 Mikrogramm in vielen Städten nicht eingehalten, an rund 39 Prozent der verkehrsnahen Messstationen traten immer noch Grenzwertüberschreitungen auf. Konkret heißt das, dass immer noch in 35 Städten die Grenzwerte überschritten werden (im Jahr zuvor waren es noch 65 Städte).

„Die Hauptquelle ist der Straßenverkehr und hier vor allem die Diesel-PKW mit zu hohen Realemissionen", sagt Maria Krautzberger, die Präsidentin des Umweltbundesamts: „Hier muss endlich angesetzt werden: Diese Fahrzeuge müssen mit wirksamen Katalysatoren nachgerüstet werden – auf Kosten der Verursacher, nämlich der Automobilindustrie."[10]

Politische Grenzwerte

Die Autoindustrie argumentiert gern, dass der Diesel wegen seiner niedrigen CO_2-Emissionen für den Klimaschutz nötig sei. Das Umweltbundesamt verweist allerdings darauf, dass Benziner und Dieselfahrzeuge 2017 mit einer durchschnittlichen

CO_2-Emission von 130 Gramm pro Kilometer gleichauf lagen. „Von Diesel als Klimaretter kann also keine Rede sein."[11] Der Vorteil des Diesel bestehe nämlich nur auf dem Papier. Zwar stoßen Dieselfahrzeuge theoretisch etwa 15 Prozent weniger CO_2 aus als Benzinfahrzeuge. Tatsächlich kommen aber immer mehr hochmotorisierte und schwere Dieselfahrzeuge – Stichwort SUVs – auf den Markt, die mit ihren hohen Verbräuchen den CO_2-Vorteil wieder aufzehren. Neue Diesel hätten im Flottendurchschnitt daher keine wesentlich besseren CO_2-Werte als neue Benziner, konstatiert das Umweltbundesamt.

Grenzwerte lassen sich nicht einfach objektiv messen, sie müssen politisch festgelegt werden. Der Entscheidungsprozess sollte sich zwar auf wissenschaftliche Fakten stützen, doch letztlich geht es immer auch um hoch ideologische Fragen. Die Gefahren sind zwar mittlerweile durch viele Studien untermauert. Daraus folgt aber nicht, dass hier einfach nur Meinungen gegeneinanderstehen. Die bisherige Evidenz aus vielen Studien spricht dafür, dass die Schadstoffbelastung zu erheblichen Gesundheitsrisiken führt. Daraus kann man den Schluss ziehen, dass die aktuellen Grenzwerte notwendig sind und vielleicht sogar weiter verschärft werden sollten. Man kann aber auch der Auffassung sein, dass die Evidenz nicht reicht, um einen so schwerwiegenden Eingriff wie ein Fahrverbot zu rechtfertigen.

Mit wissenschaftlichen Fakten allein lässt sich die Frage also nicht entscheiden. Entscheidend ist, wie man die Fakten bewertet. Dass ein bestimmtes Verhalten schädlich ist, reicht allein noch nicht aus, um es zu verbieten. Das zeigte vor Jahren schon die Debatte um das Rauchverbot. Zwar wusste man schon lange über die Schädlichkeit auch des Passivrauchens Bescheid. Dennoch dauerte es viele Jahre, bis sich das Rauchverbot schließlich durchsetzte und gesellschaftlich akzeptiert wurde.

In der Diskussion um die Grenzwerte geht es also auch um ideologische Fragen. Beide Seiten wollen sich bestätigt sehen. Die einen halten Autofahren eben für Umweltvergiftung, die anderen für ein Freiheitsrecht, das durch politische Bevormundung eingeschränkt werden soll. Hinter allem steht die Frage, wie wir zu einer halbwegs sauberen Mobilität kommen – und was es uns wert ist, die Menschen vor möglichen Gesundheitsbelastungen zu schützen.

Sicher muss die Politik die Grenzwerte und ihre Anwendung rechtfertigen, bis hin zu den drohenden Fahrverboten, über deren Verhältnismäßigkeit sich streiten lässt. Aber zugleich ist es unredlich, der Politik in der Grenzwert-Frage einfach nur Willkür vorzuwerfen, als hätte sie die Probleme mit der Luftqualität verursacht, und nicht die Automobilindustrie: „Nicht der Grenzwert ist schuld an den Problemen, sondern die Fahrzeuge, die nicht so sauber sind, wie sie sein sollten und könnten"[12], sagte UBA-Präsidentin Krautzberger in einem Interview.

Gefährliches Gemisch

In der Abgasdebatte geht es nicht nur um Umwelt- und Gesundheitsfragen. Es geht auch darum, welchen Stellenwert wir der Fahrerperspektive in diesem Land einräumen wollen – einem Tunnelblick, der nur auf die Straße gerichtet ist und nicht auf die Welt um den Fahrer herum. Es gehört zu dieser Fahrerperspektive, dass sie blind ist für ihre Auswirkungen, die eben auch andere betreffen. Lungenfacharzt Köhler hat sicher recht mit seiner Befürchtung, dass die „Ideologisierung" der Debatte mit den Fahrverboten „noch zunehmen"[13] wird, wie er im Begleitschreiben zu seiner Stellungnahme schreibt. Es mag auch sein, dass nicht alle Studien so eindeutig sind, wie man sich das für die Diskussion wünschen würde – und dass manche auch von Vorurteilen beeinflusst sind. Und natürlich kann grundsätzlich auch eine Minderheitsposition richtig sein, wenngleich das im Fall der Grenzwertdiskussion unwahrscheinlich ist. Die Frage ist allerdings, warum die eher dürftig begründete Stellungnahme einer kleinen Minderheit von Lungenärzten überhaupt derartige Resonanz fand. Es hat wohl auch damit zu tun, dass die „wissenschaftliche" Kritik an den Grenzwerten so gut ins Weltbild jener passte, die sich ohnehin schon in ihrer Freiheit des Fahrens eingeschränkt sehen. Wenn selbst Ärzte für die freie Fahrt des Diesels sind – was soll dann falsch daran sein?

In der Grenzwert-Frage wie beim Tempolimit geht es letztlich darum, das deutsche Auto, die deutsche Fahrerperspektive selbst zu begrenzen – und damit das Freiheitsideal, das für die Deutschen immer schon im Auto verkörpert war. Der Wut der Dieselfahrer wird man auch mit den besten Argumenten und den sorgfältigsten Studien nicht beikommen. Autofahren ist konkret, Luftqualität dagegen abstrakt, solange man nicht unmittelbar unter ihr leidet. Die Debatte ist deswegen politisch so explosiv, weil sie mit Fragen der sozialen Freiheit zu tun hat, und das heißt mit der Anerkennung durch andere. Das macht die Frage der Fahrverbote vielleicht sogar gesellschaftlich brisanter als andere große ökologische Diskurse, auch weil sie mit anderen sozialen Fragen verbunden ist, etwa der Frage des Wohnens und der wachsenden Kluft zwischen Stadt und Land. Die Anti-Atomkraft-Bewegung richtete sich einst gegen eine riskante Großtechnologie, nicht gegen das Fortbewegungsmittel von Individuen. Und auch die Aktivisten im Hambacher Forst kämpfen gegen den klimazerstörenden Braunkohleabbau, nicht unmittelbar gegen die Autofahrer. Die Fahrverbote aber treffen konkrete Menschen, deren Diesel-Fahrzeuge ohnehin praktisch nichts mehr wert sind. Das ist ein brandgefährliches Gemisch, das sich bei entsprechenden Temperaturen – wie im Dieselmotor – selbst entzünden kann.

Kapitel 12

Aufstand der Fahrer

Brennende Autos, geplünderte Läden, verwüstete Straßenzüge: Als Anfang Dezember 2018 die „Gelbwesten" durch Paris zogen, musste sogar der Louvre geschlossen bleiben. Es waren die gewalttätigsten Ausschreitungen in Frankreich seit der Studentenrevolte 1968. Doch hinter den Protesten stand keine Organisation, keine Ideologie. Es war die Wut, die die Menschen auf die Straßen brachte – die Wut auf „die da oben", auf die Eliten, aufs politische Establishment. Alles fing an mit dem Protest gegen eine höhere Spritbesteuerung, vor allem von Dieseltreibstoff.

Im Januar 2019 tauchten auch in Deutschland die ersten Demonstranten in gelben Warnwesten auf, ausgerechnet in der Autostadt Stuttgart, die heute in Verkehr und Abgasen erstickt. Mit der Parole „Schnauze voll" protestierten einige Tausende gegen das Dieselfahrverbot. „Grüne weg, Grüne weg", skandierte die Menge, auf Plakaten stand „Wir sind Diesel". Organisiert hatte die Proteste der 26-jährige Porsche-Mitarbeiter Ioannis Sakkaros. In Interviews erklärte er, dass sich die Fahrverbote „gegen die Bürger richten", dass damit „Unzufriedenheit und Unmut der Regierung gegenüber wachsen", dass viele Menschen jetzt das Gefühl hätten, ihnen würden die Autos „weggenommen", obwohl sie darauf angewiesen seien und sich „kein neues leisten können"[1]. Nun ist Deutschland nicht Frankreich. In Stuttgart demonstrierten keine gewaltbereiten Autonomen, wie im Juli 2017 in Hamburg beim G-20-Gipfel, als es zu schweren Ausschreitungen kam. Man kann sich allerdings fragen, wie solche Demonstrationen verlaufen würden, wenn sie nicht in der Schwabenmetropole, sondern etwa in Berlin stattfänden. Zum Erscheinungszeitpunkt dieses Buches waren es zwar noch keine Massen. Aber die Proteste reichten, um Wirkung zu zeigen. „Ein Großkonflikt kündigt sich an, der auch die politische Landschaft umkrempeln könnte", schreibt der *Spiegel.*[2] Während die Grünen das Ende des Automobils beschleunigen wollen, machen sich FDP und AfD stark für den Verbrennungsmotor, die Regierungsparteien wiederum könnten im Konflikt um die Verkehrswende aufgerieben werden. Höhere Belastungen könnten den gesellschaftlichen Frieden gefährden, warnte auch IG-Metall Chef Jörg Hofmann: „In jedem deutschen Auto ist eine gelbe Warnweste, nicht nur in Frankreich."[3]

Kalte Enteignung?

Die Auto-Frage war immer schon das populistische Thema schlechthin. Hitler hat vorgemacht, wie man aus der Auto-Sehnsucht der Menschen ideologisches und propagandistisches Kapital schlagen kann; schon er wusste um die Wut des „kleinen Mannes", dem das Glück des eigenen Wagens vorenthalten blieb. Heute scheint die AfD die gewaltige Sprengkraft zu spüren, die in der Autofrage steckt. Wer den Deutschen ihr Auto nimmt, wer den Diesel „verteufelt", der kann es nicht gut mit den eigenen Leuten meinen, das ist die zentrale Botschaft der „Ja zum Diesel"-Kampagne, mit der die AfD seit der Fahrverbot-Debatte Stimmung macht. Tatsächlich ist es nicht ganz falsch, wenn AfD und FDP gegen die „kalte Enteignung" der Dieselfahrer wettern. Wie anders soll man es auch nennen, wenn ein alter Diesel über Nacht plötzlich unverkäuflich wird – allerdings trägt daran weniger die Politik Schuld als die Automobilindustrie, die ihre Kunden über Jahre hinweg mit ihren Abgasmanipulationen betrogen hat. Die Dieselproblematik ist deshalb so brisant, weil sie tatsächlich vor allem jene Fahrer trifft, die nicht so einfach umsteigen

Abb. 9: Stuttgarter „Gelbwesten"-Proteste: Wut über die „kalte Enteignung" der Dieselfahrer.

können, und zwar weder auf ein sauberes Modell, noch auf ein anderes Verkehrsmittel. Sie trifft also jene, für die das Auto gerade deswegen gefühlte Freiheit bedeutet, weil sie in Wahrheit von ihm abhängig sind. Die Automobilindustrie hätte aus meiner Sicht die Verpflichtung, den Betroffenen einfach neue Fahrzeuge zu schenken, statt ihnen nur Rabatte auf Neuwagen anzubieten.

Die Autodebatte spaltet das Land wie kaum ein anderes Thema, wie schon die Umfragen zum Tempolimit zeigen. In der Autofrage zeigen sich viele der gesellschaftlichen Bruchlinien, die heute die liberalen Demokratien bedrohen – zwischen Volk und Eliten, zwischen Rand und Zentrum, zwischen Selbstverwirklichung und Anerkennung. Da sind die einen, die in den Städten in den besten Gegenden wohnen, mit öffentlichem Nahverkehr und schickem (Elektro)-Fahrrad, während die anderen mit ihren dreckigen Dieseln von der Peripherie in die Städte pendeln. Da sind die gutverdienenden „Bobos", die ihr ökologisches Bewusstsein mit dem Anspruch moralischer Überlegenheit vor sich hertragen. Da sind die anderen, die sich um den Klimaschutz wenig scheren, weil sie um ihre ökonomische Existenz bangen müssen.

Da sind die Mütter, die ihre Kinder mit dem 500-PS-SUV in die Schule bringen, während die anderen sich keinen neuen, sauberen Diesel leisten können.

Riss durchs Land

Wütende deutsche Autofahrer, so viel steht fest, könnten die Politik in große Schwierigkeiten bringen, und zwar schon deshalb, weil sie schlicht die Mehrheit sind. Eine Polarisierung in der Autofrage würde die Spaltung im Land weiter vertiefen, ein Tempolimit die Leute womöglich auf die Barrikaden treiben. Der *Spiegel* fasste die Problemlage beim Tempolimit in der ebenso schlichten wie einleuchtenden Feststellung zusammen, dass „der Autofahrer in den meisten Fällen auch ein Wähler ist – und seine Wut so leicht entzündlich wie Benzin"[4].

Wenigstens zum Teil lässt sich die Emotionalität deutscher Autodebatten aus der Geschichte erklären. Hitler wollte die Volksgemeinschaft auf Rädern schaffen, über die Autobahnen zur Einheit verbunden, doch schließlich waren es deutsche Kübelwagen und Panzer, die fremde Länder eroberten, bis schließlich alles in Trümmern lag. Nach dem Krieg wurde das eigene Auto zur „wichtigsten Ikone des neuen deutschen Selbstbewusstseins", wie der Politikwissenschaftler Herfried Münkler schreibt – und diese Ikone hieß Volkswagen. Mit dem *Käfer* und den Autobahnen sei es möglich gewesen, „die Vergangenheit partiell in die Gegenwart zu integrieren und sie nicht bloß als Not und verlorene Jugend abspalten zu müssen", schreibt er:

„Der Käfer und mit ihm die Verkehrsinfrastruktur der Autobahn war der ‚Trickster', der das miteinander Unvereinbare verband, die Opferzeit in die Konsumära integrierte und so einen Beitrag zur inneren Harmonisierung der Lebensentwürfe und Erinnerungen der Menschen leistete."[5]

Insgesamt habe der *Käfer* jedoch einen „zutiefst ambivalenten
Beitrag" zur politischen Neuorientierung der Bundesrepublik ge-
leistet: „Er brachte den Bruch mit der Vergangenheit zum Ausdruck und schlug doch zugleich Brücken in die Nazizeit."[6] Mit
anderen Worten: Der Käfer gab den Deutschen das Gefühl, dass
doch nicht alles schlecht war. Zugleich aber konnte man damit
getrost in den Urlaub fahren, ohne überall Angst und Schrecken
auszulösen, in Münklers Worten:

> „Die Deutschen kamen wieder, aber sie kamen nicht mehr
> als Eroberer in Uniform und mit Stahlhelm, sondern als Ur-
> lauber in Badehosen und mit viel Geld."[7]

Es ist diese Ambivalenz, so glaube ich, die bis heute in deutschen
Autodebatten nachhallt. Das deutsche Auto war das Symbol des
Wirtschaftswunders, es stand und steht bis heute für Wohlstand
und Freiheit. Aber die Erfolgsgeschichte, das „neue Selbstbewusstsein", von dem Münkler spricht, hatte ihre Wurzeln eben
nicht nur in der deutschen Erfindungskraft und Tüchtigkeit, sondern auch in der Nazizeit. Über dem deutschen Auto liegt der
dunkle Schatten der Geschichte, dem man nicht einfach davon-
fahren kann.

Der deutsche Automythos hat lange die Spannungen und Widersprüche im Autoland Deutschland verdeckt. Der Klassen-
kampf auf der deutschen Autobahn war dadurch entschärft, dass
sich die meisten wenigstens einen *Käfer* leisten konnten. Herbert
Marcuse hatte der fortgeschrittenen Industriegesellschaft einmal
totalitäre Züge attestiert, da sie die Bedürfnisse und Wünsche der
Menschen manipuliere, um jegliche Systemveränderung zu un-
terbinden. Die Freiheit, so Marcuse, werde damit selbst zum Mittel der Repression, also zum Herrschaftsinstrument: „Die Menschen erkennen sich in ihren Waren wieder, sie finden ihre Seele
in ihrem Auto, ihrem Hi-Fi-Empfänger, ihrem Küchengerät."[8] So

gesehen ist das Auto, das einstige Vehikel der Freiheit, zu einem Mittel der sozialen Kontrolle geworden.

Der „eindimensionale Mensch" (Marcuse), das war der deutsche Fahrer, der schon damit zufrieden schien, dass er so ungehindert über die Autobahn bolzen konnte wie alle anderen auch. Allenfalls ein paar Vandalen und Anarchos machten sich einen Spaß daraus, bei Mercedes-Modellen den Stern abzubrechen, der als Symbol des Establishments galt. Vermutlich kauften sich nicht wenige, die einst den Stern als Beutestück um den Hals hängen hatten, später selbst einen Mercedes, sobald sie ihn sich leisten konnten. (Es ist übrigens ganz typisch für den deutschen Autoingenieur, dass ihm natürlich auch für das Problem der geklauten Sterne eine Lösung einfiel, nämlich das Markenzeichen, das mit seinen drei Zacken die Motorisierung zu Land, zu Wasser und in der Luft symbolisiert, lieber in den Kühlergrill zu integrieren).

Das Auto war lange Zeit heilig, über alle Klassengrenzen hinweg. Doch heute sieht es so aus, als könnte die allgemeine Lust am Fahren die Widersprüche der deutschen Fahrerperspektive nicht länger verdecken. Das Auto ist vielmehr selbst zum Kristallisationspunkt gesellschaftlicher Umbrüche geworden, von der Globalisierung über die digitale Transformation bis hin zum Klimaschutz. Es ist von mehr als nur symbolischer Bedeutung, dass die deutsche Freiheit des Fahrens letztlich dort ihre Grenzen findet, wo es um die Zerstörung der Umwelt geht.

Kampf um Anerkennung

Es sind heute gerade die Rechtspopulisten, die besonders vehement die Freiheitsrechte des deutschen Autofahrers verteidigen. Man kann sich fragen, welche tieferen Verbindungen es zwischen der Auto-Position der AfD und ihrer Politik in der Migrationsfrage gibt, was die Frage der Fahrverbote und des Tempolimits zu tun hat mit der Ablehnung des Fremden. Natürlich gibt es offenkundige Unterschiede zwischen der Auto- und der Migrationsdebatte. Aber es gibt auch Parallelen. In beiden Fällen geht es darum, die „freie Fahrt" der Deutschen zu verteidigen, sich zu wehren gegen die „Zumutungen" der globalisierten Welt, darunter eben Migrationsströme und Klimaschutz. Beim Auto wie bei der Migration ist es eine deutsche Selbstbewegung, die es gegen jede Einschränkung oder Störung von außen zu verteidigen gilt – gegen die Migranten ebenso wie gegen den Klimaschutz.

Es ist kein Zufall, dass zwei der wirkmächtigsten Bilder in der Flüchtlingsfrage mit dem Auto zu tun haben. Man erinnert sich an die Bilder von dem Flüchtlingstreck, der im September 2015 auf der Autobahn von Budapest nach Wien marschierte. Und man denkt an die Tragödie von Parndorf, als 71 Flüchtlinge tot in einem Kühllastwagen aufgefunden wurden. Es sind die Flüchtlinge wie die Tempolimits, die in den Augen der Rechten unsere Selbstentfaltung stören, und damit den Fortbestand der deutschen Kultur. Claudius Seidl hat das in der *Frankfurter Allgemeinen Sonntagszeitung* so ausgedrückt:

> „Es gibt also doch einen tiefen inneren Zusammenhang zwischen dem Streit um Flüchtlinge und dem ums Autofahren. Es soll in Deutschland alles so bleiben, wie es ist."[9]

Freiheit – das heißt für die Deutschen Kraftentfaltung. Es heißt, möglichst viele PS auf die Straße zu bringen. Es heißt, mächtig und überlegen zu sein – oder sich wenigstens im Innersten so zu fühlen. Das ist nicht unbedingt die Idee von Freiheit im politischen Sinn. Es ist die Idee einer unendlichen Selbstbewegung, die weder Grenzwerte noch Tempolimits kennt. Eben darin gründet, so vermute ich, die besondere Liebe der Deutschen zum Automobil.

Die Frage ist natürlich, was das mit der Wut der Dieselfahrer zu tun hat, mit all den Menschen, die ihr altes Auto schlicht und einfach brauchen, um zu ihrem Arbeitsplatz zu kommen. Die

Antwort könnte darin liegen, dass sie sich nicht mehr geachtet fühlen, nur weil sie das falsche Auto fahren. Alle anderen dürfen sich ungehindert selbst bewegen, nur sie hindert man daran. Der Fahrer braucht die Anerkennung durch andere, und wenn er sich nicht anerkannt fühlt, dann wird er wütend, und zwar nicht nur auf der Autobahn. Eine populistische Bewegung könnte der Politik vorwerfen, dass sie sich um alle möglichen „identitätspolitischen" Fragen kümmert, nur nicht um den deutschen Autofahrer.

Der Kampf ums deutsche Auto wird ein Kampf um Anerkennung sein, in dem es darum geht, die Freiheit des Fahrens neu zu bestimmen. Das ist mehr als bloß der Kampf um Fahrverbote und Tempolimits. Es ist auch der Kampf um die deutsche Identität, um die Frage, wer wir sind – und wer wir sein wollen. In einer globalisierten Welt können wir nicht einfach mit 250 Sachen dahinrasen, ohne nach links und nach rechts zu schauen. Die Fahrerperspektive kommt auch an ihre nationalen Grenzen. Mit anderen Worten: wir können unsere Freiheit nicht ausfahren, wie wir wollen, als seien wir nachts allein auf der Autobahn.

Das Wort „rasen" kommt etymologisch nicht vom Schnellfahren, sondern vom Toben und Wüten, von der „Raserei". Vielleicht auch deshalb gerät der deutsche Fahrer so schnell in Rage, wenn er sich in seiner Freiheit ausgebremst fühlt. Und eben deshalb kann man ihn so leicht politisch mobilisieren, also in Bewegung bringen. Er will halt fahren, egal wohin.

Eben darin liegt der Sprengstoff jeder deutschen Debatte ums Automobil. Mit der „freien Fahrt" steht immer auch die Selbstachtung der Fahrer auf dem Spiel. Wenn man sie nicht fahren lässt, ihnen gar das Auto wegnimmt, dann packt sie die Wut, und die lässt sich auch mit Vernunftargumenten nicht entkräften, geschweige denn mit dem Klimaschutz. Auch wenn man sich nicht vorstellen kann, dass deutsche Fahrer Autos anzünden: Eine starke deutsche Gelbwesten-Bewegung, womöglich im Bündnis mit der AfD, wäre eine ernste Herausforderung für die Demokratie.

Kapitel 13

Aus dem Kopf

Die Erfolgsgeschichte des deutschen Automobils – das war lange Zeit der Triumph der Fahrerperspektive auf die Welt. In der Automobilentwicklung ging es darum, diese Selbst-Bewegung immer weiter fortzusetzen, das deutsche Hybridwesen aus Mensch und Automobil zu vollenden. Doch der deutsche Automythos verliert spürbar an Kraft. Vor allem junge Menschen können sich heute vorstellen, auf andere Verkehrsmittel umzusteigen; die Zahl der Neuzulassungen geht erstmals zurück. In der älteren Generation ist es bis heute üblich, am Wochenende den Wagen zu waschen oder beim Vorbeifahren an der Tankstelle die Benzinpreise zu kommentieren. Die Jungen haben zum Automobil schon ein viel entspannteres Verhältnis.

Der digitale Wandel verändert auch das Autofahren. Das Elektroauto steht, zumindest nach Ansicht der Optimisten, vor dem Durchbruch; das autonome Auto, gesteuert von Künstlicher Intelligenz statt vom menschlichen Fahrer, scheint in greifbare Nähe gerückt. Eine Kombination dieser Technologien könnte zusammen mit Car-Sharing und intelligenten Verkehrsleitungssystemen die Mobilität revolutionieren.

Das Automobil habe „im Augenblick seines Triumphes die Überzeugungskraft verloren", meinte Wolfgang Sachs schon vor über 30 Jahren in seinem Klassiker *Die Liebe zum Automobil*. Die Weltentwürfe und Freiheitsversprechen, die sich einst ans Auto knüpften, erstickten schon damals im Stau. Hellsichtig schrieb Sachs:

„Am meisten schadet der Attraktion des Automobils – sein
Erfolg. Es ist die Massenmotorisierung selbst, die in ihrem
Schlepptau Erfahrungen mit sich bringt, welche die Auto-
begeisterung unterhöhlen."[1]

Kurz gesagt: „Je mehr Autos, desto weniger Freude." Nach Sachs
erschöpfen sich „nicht nur das Benzin, nicht nur die Atemluft,
sondern auch die Wünsche."[2] Die modernen Autos seien schlicht
„grotesk übermotorisiert". Was wir bräuchten, so Sachs, das sind
„keine Tempomobile für Kraftmeier, sondern gemächliche Motoren für gelassene Menschen"[3]. Und wenn die Autos langsamer
würden, dann könnten auch die Wege wieder kürzer werden.
Doch so richtig die Diagnose von Sachs war, seine Hoffnung auf
ein gelasseneres Fahren hat sich nicht erfüllt. Ganz im Gegenteil:
die Autos selbst sind ständig nur noch leistungsstärker, sportlicher
und schwerer geworden. Und doch bewegt sich etwas im Verhältnis der Deutschen zum Automobil.

So zeigen Studien, dass die Bedeutung von Autobesitz und
die emotionale Bindung ans Auto bei den Jüngeren rückläufig
ist. Allerdings gibt es dabei große Unterschiede zwischen Stadt-
und Landbewohnern. Für die überwiegende Mehrheit der jungen Stadtbewohner ist das eigene Auto „nicht mehr wichtig", re-
sümiert die Studie *Junge Generation und die Mobilität der Zukunft*
(2018)[4]. Die Jungen nutzen öffentliche Verkehrsmittel oder Car
Sharing, zugleich interessieren sie sich stärker als andere Alters-
gruppen für alternative Mobilitätskonzepte. 73 Prozent der Bevölkerung geben dagegen an, dass für sie ein eigener PKW „wichtig" oder sogar „sehr wichtig" ist. Bei den Stadtbewohnern unter
25 Jahren hingegen hält nur mehr eine Minderheit ein eigenes
Auto mindestens für „wichtig", zwei Drittel also sogar für „weniger wichtig" oder sogar „unwichtig". Für ein neues Auto würden
immerhin 27 Prozent der Jüngeren auf eine Urlaubsreise verzichten, 16 Prozent ihre Ersparnisse opfern, 6 Prozent ihre Altersvor-

sorge und 4 Prozent eine größere Wohnung. 42 Prozent hingegen würden für ein Auto auf keines dieser Dinge verzichten.

„Ein großer Teil der Generation Z hat praktisch keine emotionale Bindung zum Auto mehr. [...] Für sie ist das Auto kein Statusobjekt, sondern allenfalls ein Gebrauchsgut. Die Tendenz einer Entemotionalisierung des PKW-Besitzes in der jungen Generation hat sich damit in den letzten Jahren signifikant beschleunigt."[5]

Besonders wichtig im Hinblick auf ihre Mobilität waren Flexibilität, niedrige Kosten, Sicherheit und Zeitersparnis. Jener Teil der Befragten, für die ein eigenes Auto weniger wichtig ist, gaben als Grund einen gut ausgebauten öffentlichen Nahverkehr an. Sie legen ihre alltäglichen Wege meist zu Fuß (40 Prozent) oder mit dem Fahrrad (27 Prozent) zurück. 28 Prozent ist ein eigenes Auto schlicht zu teuer. 59 bzw. 53 Prozent der Jüngeren unter 25 Jahren können sich auch vorstellen, autonom fahrende Shuttles oder Taxis zu benutzen. Wenn diese und andere Studien aussagekräftig sind, dann stehen wir vor dem Ende der Fahrerperspektive.

Für die Jüngeren ist das Auto weder als Statussymbol attraktiv, noch aus „Freude am Fahren". Das ist vielleicht der größte Bruch in der jüngeren Mobilitätsgeschichte. Die emotionale Bindung zum Auto verschwindet. Die Jüngeren brauchen die Selbststeigerung durch das eigene Auto nicht mehr. Das Auto bringt seinem Besitzer immer weniger Distinktionsgewinn. Gerade in besser gebildeten Milieus bringt etwa ein superleichtes Hightech-Rennrad heute schon mehr Prestige als ein Auto, und es kann auch annähernd so viel kosten.

Mit den digitalen Technologien kann man an mehreren Orten zugleich sein. Früher fuhr man zum Elektromarkt, um einen neue Kaffeemaschine zu besorgen, heute bestellt man sie bei Amazon. Zumindest in den Städten ist ein Auto für viele nicht mehr notwendig. Auf dem Land sieht es ganz anders aus. Das Auto ermöglicht es immer noch Millionen Menschen, Arbeit und Wohnort zu entkoppeln. In Zukunft könnte der Autobesitz eine neue Klassengrenze markieren: Auf der einen Seite die Pendler, die auf ihr Auto angewiesen sind, um zur Arbeit zu fahren, auf der anderen die besserverdienenden Stadtbewohner, die es sich leisten können, auf ein eigenes Auto zu verzichten.

System Automobil

Die deutsche Automobilität ist eine überaus resistente Lebensform. Das liegt vor allem daran, dass sie sich immer wieder selbst perpetuiert. Die deutsche Fahrerperspektive, das ist nicht nur der Blick durch die Frontscheibe. Sie ist auch geprägt durch das automobile System, durch all die Strukturen des Landes, die auf die Autonutzung ausgelegt sind. Der deutsche Autofahrer ist gleichsam eingesponnen in ein dichtes Netz aus Produktion, Handel und Service, das letztlich nur darauf ausgerichtet ist, möglichst viele Autos zu verkaufen. Das deutsche System Automobil ist total. Seine Herrschaft reicht von der Lobbyarbeit der Konzerne bis zum ADAC, dem größten deutschen Automobilclub.

Die Macht der Autoindustrie gründet auf dem sich selbst reproduzierenden System Automobil – und auf der unhinterfragten Behauptung, dass der Wohlstand des Landes von ihr abhängt. Die Automobilität sei in Deutschland „wie in kaum einem anderen Land sowohl wirtschaftlich als auch sozial und kulturell verankert", heißt es in der Studie *Automobilität im Wandel.*[6] Das System Auto, so die Autoren, umfasst die Autos und ihre Fahrer selbst ebenso wie den Autovertrieb und die Reparaturwerkstätten, die Straßen, das Versicherungswesen und die Steuerpolitik. Automobilität ist damit ein sich selbst reproduzierendes System, das die Voraussetzungen zu seiner eigenen Erweiterung schafft.

In ihrer Studie beschreiben die Mobilitätsforscher fünf verschiedene „Pfadabhängigkeiten", über die sich das System Auto
immer weiter selbst reproduziert. Rechtlich hängt das System von
Steuererleichterungen ebenso ab wie von der aufs Auto ausgerich-
teten Straßenverkehrsordnung, ökonomisch vom Erfolg und der
Stärke der Autoindustrie; in technologischer Hinsicht bedeutsam
ist die Fixierung auf den Verbrennungsmotor, organisatorisch
sind es die wechselseitigen Abhängigkeiten innerhalb der Autobranche, etwa zwischen Handel, Service und Marketing. Die
Basis des Systems aber bildet die „mentale Repräsentation" der
Automobilität bei den Fahrern selbst, mit anderen Worten: das
Auto im Kopf. Das Auto sei „tief in den mentalen Strukturen der
Deutschen eingebrannt und dem politischen Diskurs als unhin-
terfragte Selbstverständlichkeit gleichsam entzogen"[7], schreiben
Weert Canzler und Andras Knie in ihrem Buch *Erloschene Liebe*.

Die Fahrerperspektive, wie ich sie verstehe, ist immer die Perspektive des Subjekts, das sich innerhalb all dieser Abhängigkeiten bewegt. Was das konkret bedeutet, merkt jeder Autofahrer,
wenn er seinen Wagen zum Service bringt oder wenn Repara-
turen am Fahrzeug notwendig sind, erst recht bei einem Unfall,
wenn gleichsam das ganze Automobilsystem auf ihn einzuwir-
ken beginnt – vom ADAC über die Versicherung bis zur Repara-
turwerkstatt. In solchen Fällen merken wir, dass das Fahren tatsächlich eine Lebensform ist, die aus einem ganzen Bündel von
Praktiken besteht, vom Tanken übers Autowaschen bis zum Rei-
fenwechseln, und das alles kostet auch noch Geld.

Die Freiheit des deutschen Fahrers ist paradox. Sie ist eine
Freiheit, die gar keine ist. Bedroht wird sie nicht erst durch das
Tempolimit, das die deutschen Fahrer so fürchten. Sie kommt
auch nicht erst im Stau zum Erliegen, wenn wirklich gar nichts
mehr geht, sondern schon im ganz normalen Autofahrer-Alltag.
Der deutsche Fahrer ist selbst gefangen in dem System, dessen
konstitutiver Teil er ist. Doch was seine Freiheit einschränkt, das

Abb. 10: Autoturm bei Volkswagen in Wolfsburg: Wie abhängig ist Deutschland von der Automobilindustrie?

sind nicht nur äußere Grenzen, sondern auch innere. Es ist die Fahrerperspektive selbst, das Auto im Kopf, in dem er gefangen ist.

Ebenso in sich selbst gefangen ist die Autoindustrie. Auch sie steckt, wie der Fahrer, fest in der Paradoxie ihrer Selbststeigerung. Die technische Perfektionierung hat zwar effiziente Antriebe hervorgebracht, aber auch in ein „innovator's dilemma" geführt, das sie scheinbar dazu zwingt, an ihrem Erfolgsmodell festzuhalten, statt es konsequent zu zerstören.

Ohne das Auto würde Deutschland nicht funktionieren, glauben viele, und damit meinen sie: Deutschland ist abhängig von der Automobilindustrie. Eine deutsche Wirtschaft ohne Volkswagen, BMW oder Daimler kann man sich tatsächlich kaum vorstellen. Dieser Mangel an Vorstellungskraft hemmt jedoch unser Denken. Was würde passieren, wenn einer der großen Hersteller Insolvenz anmelden müsste? Das Schweizer Beratungs- und Prognoseinstitut Prognos hat in seinem aktuellen Deutschland-Report einmal ein solches „Horrorszenario" entworfen und die Konsequenzen analysiert, zu denen es führen könnte, wenn die deutsche Autoindustrie den Strukturwandel verpassen und tatsächlich in eine existenzbedrohende Krise geraden sollte. Nach dem Szenario von Prognos würden die Autobauer bis 2045 rund 40 Prozent ihrer Umsätze verlieren, dadurch würden an die 260 000 Arbeitsplätze verloren gehen.[8] Durch die Krise der Autoindustrie würden zwar auch andere Industriezweige leiden, aber die Auswirkungen wären nicht so dramatisch, wie man annehmen könnte. Nach den Schätzungen von Prognos würde die Wertschöpfung außerhalb der Autoindustrie um 15 Milliarden Euro sinken, das wären gerade einmal 2 Prozent im Vergleich zu einer „normalen" Entwicklung; zugleich gingen in den betroffenen Industriezweigen 70 000 Arbeitsplätze verloren. Unterm Strich würde die Volkswirtschaft rund 4,6 Prozent ihrer Wertschöpfung und damit ca. 740 000 Arbeitsplätze verlieren. Die Studienautoren rechnen allerdings nicht damit, dass es so weit kommt: Schließlich würden die Hersteller ja reagieren, wenn sie im Wettbewerb zurückfielen.

Dennoch ist es vielleicht nützlich, sich solche Szenarien vorzustellen. Das Problem der deutschen Autodebatte ist ja immer, dass die Automobilindustrie für das Land unverzichtbar scheint. Diese Sicht blockiert jedoch das freie Nachdenken. Das ist wieder die deutsche Fahrerperspektive – der Tunnelblick.

Seit Jahren entwickelt sich das Automobil immer mehr zum rollenden Computer, mit über 100 vernetzten IT-Systemen und kilometerlangen Kabelsträngen, von der Motorsteuerung bis zum automatischen Einparksystem. Was die digitale Vernetzung wirklich bedeutet, das beginnen die Autohersteller aber erst allmählich zu begreifen. Die Mobilität der Zukunft besteht nicht darin, immer mehr digitale Technik ins Auto zu packen, sondern das Auto selbst zu vernetzen. Das automobile Subjekt verschwindet.

„Das System Auto wird sich grundlegend verbessern und zu einem wichtigen Bestandteil eines integrierten Verkehrssystems werden" [...] Das Auto der Zukunft wird nicht mehr nur isoliertes Fortbewegungsmittel sein, sondern Teil einer in sich vernetzten Mobilitätswelt."[9]

Neue Wege?

Wenn der deutsche Ingenieur Carl Benz, der im Jahr 1886 den ersten brauchbaren „Motorwagen" baute, in einen Mercedes-Benz aus dem Jahr 2019 steigen könnte, käme er vermutlich gut zurecht. Lenkrad, Gaspedal, Schalthebel: all das gab es bereits zu Benz' Zeiten. Und der Motor funktioniert im Prinzip auch noch so, eben mit Benz-in. Darin zeigt sich das große Paradox des Autos: Es ist einerseits ein unvergleichlich mächtiger Innovationstreiber – die Autos von heute sind wahre Wunderwerke der Ingenieurskunst. Materialforschung, Informationstechnik und viele andere technische Gebiete wären nicht dort, wo sie heute sind, wenn sie nicht am Auto gewachsen wären. Andererseits ist das Auto ein technischer Archaismus. Wenige andere technische Geräte funktionieren heute noch nach dem gleichen Prinzip wie vor 130 Jahren. Aber wir steuern unsere Autos immer noch mit Lenkrädern statt mit Joysticks. Wieso ist das so? Wieso müssen wir sie überhaupt noch steuern? Und wieso brummen unter den Hauben immer noch Verbrennungsmotoren?

Die meisten Hersteller treiben heute Elektromobilität und Autonomes Fahren voran. Doch bei beiden Technologien sind zumindest vorläufig Zweifel angebracht. Bei Elektroautos ist es vor allem die Stromversorgung und damit die Reichweite, die immer noch Probleme macht. Das zweite Problem bleibt der zu hohe Preis. Es gibt zwar coole Sportwagen für die gutverdienende Innovations-Avantgarde, aber kein alltagstaugliches preisgünstiges Elektromobil für jedermann, mit dem man auch über Land fahren kann – eine Art Elektro-*Käfer*, wenn man so will. Außerdem stoßen Elektrofahrzeuge zwar keine Abgase aus, aber solange der nötige Strom aus fossilen Kraftstoffen kommt, ist die Klimabilanz aus Sicht vieler Kritiker eher katastrophal. Im Stadtverkehr, wo die Reichweite nicht so wichtig ist, werden sich die abgasfreien Elektroautos vermutlich eher durchsetzen, dafür spricht auch die Verbreitung von E-Bikes, die Stadtbewohner immer mehr ans elektrische Fahren gewöhnen. Beim Autonomen Fahren hingegen ist gerade der unübersichtliche Stadtverkehr noch immer ein Problem, es gibt viele ungelöste rechtliche Fragen, und es ist auch alles andere als klar, dass die deutschen Fahrer ohne weiteres auf ihre eigene Autonomie verzichten werden.

Sowohl die Elektromobilität als auch das Autonome Fahren halten immer noch am Grundkonzept Auto fest, auch wenn es in wesentlichen Hinsichten dann ganz anders funktionieren würde. Die Autos wären jedenfalls immer noch in den Städten und bräuchten entsprechenden Parkraum. Immer klarer wird also, dass es für die Verkehrswende eine Kombination aus verschiedenen Ansätzen braucht, von neuen Antrieben über Robotertaxis und Car-Sharing bis zur Stärkung des öffentlichen Nahverkehrs.

Das Auto versprach immer schon Souveränität und Selbstbestimmung. Wer ein eigenes Auto hat, kann jederzeit fahren, wohin er will; er kann selbst bestimmen, wie schnell er fährt, wann und wie oft er stehenbleibt. All das ist aber nicht an den Besitz eines eigenen Autos gebunden. Neue Mobilitätskonzepte wie Car-Sharing können dem Fahrer durchaus eine vergleichbare Freiheit bieten, insofern jederzeit ein Fahrzeug zur Verfügung steht, wenn man es denn braucht. Der Unterschied ist nur, dass es eben nicht das eigene Auto ist. Vielleicht muss man aber Mobilität überhaupt in einem ganz neuen Sinn denken – nicht als physische Bewegung von einem Ort zum anderen, sondern als eine Art „vierte Dimension", in der Menschen über digitale Technologien an mehreren Orten gleichzeitig präsent sein können.

Digitale Mobilität

Der vernetzte Mensch – das ist ein radikal neues Phänomen. Das moderne westliche Bild der Person beruhte lange Zeit auf der Vorstellung, dass wir fundamental voneinander getrennt existieren. Das philosophische Modell war das solitäre Subjekt, die Ego-Kapsel. Deren Erweiterung war das Automobil.

Heute trägt fast jeder Mensch mindestens ein internetfähiges Gerät mit sich, unsere sozialen Kontakte haben wir allesamt auf dem Smartphone, und die meisten von uns sind permanent via Facebook, WhatsApp oder Skype erreichbar. Gerade die Jüngeren unterscheiden kaum noch zwischen Online- und Offline-Welt. Im empathischen Sinne „real" erscheint ihnen ein Moment oft nur noch, wenn sie ihn im Netz mit anderen teilen Das Netz verändert nicht nur die Art, wie wir mit anderen kommunizieren. Es verändert unser Sein. Wir sind keine solitären Ichs, keine fensterlosen Monaden, abgeschnitten von der Außenwelt. Wir stehen in Verbindung mit anderen. Das Netz hat unser Verständnis von Raum und Zeit verändert. Es entkoppelt Ort und Präsenz; wir können in gewissem Sinn an verschiedenen Orten gleichzeitig sein. Eine Sache kann an einem bestimmten Ort passieren – und zugleich im Bewusstsein von Menschen, die Hunderte Kilometer entfernt sind.

Von Autobahnen bis zum Flugverkehr, von den ersten Handelswegen bis zum globalen Finanzsystem, vom Telegrafen bis zum Telefon: All diese Verbindungen brachten Orte und Menschen näher zusammen, sie beschleunigten die Kommunikation und ermöglichten die effizientere Abwicklung von Geschäften. Aber so sehr sich die Distanzen auch verkürzten – die Menschen waren immer noch gefangen an dem Ort, an dem sie sich gerade befanden. Mobil zu sein, das hieß, sich von einem Ort zum anderen zu bewegen, wenn man wollte oder musste. Es war die große historische Leistung des Automobils, dass es Individuen ermöglichte, große Distanzen schnell zu überbrücken, ohne dabei von einem Massenverkehrsmittel wie der Eisenbahn abhängig zu sein.

Das Auto erlaubte es, Räume zu überbrücken, Distanzen zu überwinden. Mit dem Auto konnte man fliehen, nicht bloß aus der Stadt, sondern auch aus beengten Verhältnissen:

„Schon deshalb war es der Traum vieler Menschen, vor allem der jungen, ein Auto zu besitzen: Es versprach die Freiheit, sich fahrend der Geographie des eigenen Lebens zu entziehen. Erwachsenwerden hieß: selber lenken",

schreibt der Journalist Hanno Rauterberg in seinem Buch *Wir sind die Stadt*.

Seiner Ansicht nach verändert die Digitalisierung die Stadt ein weiteres Mal. Das Smartphone kann das Gefühl vermitteln, räumliche Distanzen zu überbrücken. Der Mensch wird beweglich, ohne sich vom Fleck zu rühren, er bewegt sich, so Rauterberg, „im Raum des Digitalen".

„Die Ich-Kapsel des Automobils bekommt Konkurrenz durch das Ich-Phone, durch mobile Kommunikationsgeräte, die auf vergleichbare Weise dem Individuum ein Gefühl der Souveränität und Grenzenlosigkeit zu vermitteln wissen. Entsprechend hat das Statussymbol von einst, das eigene Fahrzeug, viel von seinem Glanz eingebüßt, gerade bei den Jüngeren."[10]

Rauterberg glaubt, dass das urbane Leben dadurch ortloser und ortvoller zugleich wird: Das nicht Anwesende wird anwesend, während das Anwesende in die Ferne rückt. Wie das Auto bieten digitale Technologien die Möglichkeit, sich jederzeit aus dem Hier und Jetzt, aus dem Miteinander mit anderen, auszuklinken. Insofern übernimmt das Smartphone in gewisser Weise auch die Rolle der Maske, die das Automobil hatte. Wie sich der Fahrer im Auto einkapselt, so kann man sich auch mit dem Smartphone zurückziehen und vor anderen schützen.

Mobilität neu denken, das kann heißen, sie ohne den Fahrer zu denken, als virtuelle Bewegung in einem Netzwerk. Wenn etwa ein Skype-Gespräch mit einem Freund in einer anderen Stadt annähernd so real wirkt wie ein „echtes" Gespräch – ist es dann nicht auch, als hätte man die Distanz überbrückt, nur eben ohne hinzufahren?

Die Freiheit einer digital vernetzten Mobilitäts-Welt – das ist nicht mehr die einsame Freiheit des deutschen Fahrers, der auf seiner Autobahn geradeaus fährt, den Blick stur auf die Straße vor ihm gerichtet. Es ist nicht mehr die Fahrerperspektive, die Sicht des automobilen Subjekts, sondern eine Vielzahl von Perspektiven. Es ist eine Ansammlung von Verbindungen. Es ist keine Einheit, sondern eine Vielheit. Zwar ist letztlich alles miteinander verbunden, aber es gibt keinen „Fahrer" mehr, für den die Welt in der Frontscheibe zusammenläuft. Es ist nicht mehr die narzisstische Ego-Maschine Automobil, um die sich alles dreht. Es ist das Verbundensein.

Das Ende des automobilen Subjekts bedroht nicht nur die deutsche Automobilindustrie. Es bedeutet womöglich auch das Ende einer Selbstbewegung, die wir Deutschen gern mit Selbstermächtigung verwechseln. Wir haben das Automobil nicht nur erfunden. Wir haben auch die unendliche Idee, dass das deutsche Automobil eigentlich das wahre, das universelle Automobil sei – eine Lebensform, die wir in alle Welt exportieren müssen.

Das Automobil war der deutsche Traum von einer unendlichen Selbstbewegung, einer Bewegung um ihrer selbst willen. Doch dieses „Um-ihrer-selbst-willen" allein kann keine zukunftsfähige Identität begründen. Es geht nicht darum, *dass* wir fahren, also in Bewegung bleiben, sondern darum, *wohin* wir fahren. Eine deutsche Identität, für die „Freiheit" Abhängigkeit vom Auto heißt, bewegt sich gleichsam im Rückwärtsgang – auf eine Vergangenheit zu, die keine identitätsstiftende Wirkung haben kann, weil sie sich nicht weiter fortsetzen darf.

Wenn Deutschland vorankommen will, dann muss es die Herrschaft des Autos brechen – und damit sich selbst neu erfinden. Die Freiheit der Deutschen realisiert sich nicht bei Tempo 200 auf der Autobahn, sondern in einer intelligenteren Mobilität, in einer neuen Leichtigkeit des deutschen Fahrens, ohne Bleifuß auf dem Gaspedal.

Anmerkungen

Einleitung

1 Dudenhöffer, *Wer kriegt die Kurve?*, S. 102.

2 Oliver Falck, Michael Ebnet, Johannes Koenen, Julian Dieler, Johann Wackerbauer, *Auswirkungen eines Zulassungsverbots für Personenkraftwagen und leichte Nutzfahrzeuge mit Verbrennungsmotor*, ifo Forschungsberichte 87/2017.

3 Matthias Bartsch, Jan Friedman, Simon Hage, Timon Kummert, Michael Sauga, Gerald Traufetter, *Kulturkampf ums Auto*, in: *Der Spiegel Nr. 5/2019*, S. 31.

4 Hermann Knoflacher, *Virus Auto: Die Geschichte einer Zerstörung*, Wien 2009.

5 Zitiert nach Dudenhöffer, *Wer kriegt die Kurve?*, S. 13.

6 Bundesministerium für Verkehr und digitale Infrastruktur, *Mobilität in Deutschland. Kurzreport*, Dezember 2018, S. 7.

7 Drösser, *Wie wir Deutschen ticken*, S. 20.

8 Barthes, *Mythen des Alltags*, S. 85 f.

9 MacGregor, *Deutschland*, S. 19.

Kapitel 1

1 Bierbaum, *Eine empfindsame Reise im Automobil*, S. 20.

2 Benz, *Lebensfahrt eines deutschen Erfinders*, S. 133.

3 Benz, *Lebensfahrt eines deutschen Erfinders*, S. 96.

4 Benz, *Lebensfahrt eines deutschen Erfinders*, S. 96

5 Benz, *Lebensfahrt eines deutschen Erfinders*, S. 72.

6 Möser, *Geschichte des Autos*, S. 127

7 Möser, *Geschichte des Autos*, S. 29.

8 Vgl. Möser, *Geschichte des Autos*, S. 69.

9 Möser, *Geschichte des Autos*, S. 73.

10 Zitiert nach Möser, *Geschichte des Autos*, S. 80.

11 Benz, *Lebensfahrt eines deutschen Erfinders*, S. 91.

12 Zitiert nach Sachs, *Die Liebe zum Automobil*, S. 26.

13 Möser, *Geschichte des Autos*, S. 77.

14 Zitiert nach Sachs, *Die Liebe zum Automobil*, S. 23.

15 Zitiert nach Sachs, *Die Liebe zum Automobil*, S. 27.

16 Zitiert nach Sachs, *Die Liebe zum Automobil*, S. 24f.

17 Möser, *Geschichte des Autos*, S. 81.

18 Lewis Mumford, *Der Mythos der Maschine. Kultur, Technik und Macht*, Frankfurt/Main 1977 (engl. Original 1967/70), S. 532.

19 Wendorff, *Zeit und Kultur*, S. 556.

20 Möser, *Geschichte des Autos*, S. 127

21 Möser, *Geschichte des Autos*, S. 139.

22 Hesse, *Der Steppenwolf*, S. 230.

23 Möser, *Geschichte des Autos*, S. 169.

24 Möser, *Geschichte des Autos*, S. 169.

Kapitel 2

1 Ulrich Herbert, *Hitlers liebstes Spielzeug*, in: *Die Zeit*, 09/97.

2 Domarus, *Hitler: Reden und Proklamationen*, Band 1, S. 208f.

3 Ian Kershaw, *Hitler*, S. 293.

4 Domarus, *Hitler: Reden und Proklamationen*, Band 1, S. 370.

5 Vgl. Pyta, Porsche: *Vom Konstruktionsbüro zur Weltmarke*, S. 16.

6 Domarus, *Hitler: Reden und Proklamationen*, Band 2, S. 481.

7 Zitiert nach Pyta, *Porsche: Vom Konstruktionsbüro zur Weltmarke*, S. 211.

8 Domarus, *Hitler: Reden und Proklamationen*, Band 2, S. 578.

9 Zitiert nach: Peter Bölke, *Der Führer und sein Tüftler*, in: *Der Spiegel* Nr. 45/96.

10 Zitiert nach: Peter Bölke, *Der Führer und sein Tüftler*, in: *Der Spiegel* Nr. 45/96, S. 145.

11 Pyta, *Porsche: Vom Konstruktionsbüro zur Weltmarke*, S. 391.

12 Pyta, *Porsche: Vom Konstruktionsbüro zur Weltmarke*, S. 53.

13 Pyta, *Porsche: Vom Konstruktionsbüro zur Weltmarke*, S. 392.

14 Kaschuba, *Die Überwindung der Distanz*, S. 206.

15 Zitiert nach Kaschuba, *Die Überwindung der Distanz*, S. 206.

16 Sachs, *Die Liebe zum Automobil*, S. 70.

17 Vgl. Rieger, *The People's Car*, S. 51.

18 Domarus, *Hitler: Reden und Proklamationen*, Band 2, S. 1083.

19 Domarus, *Hitler: Reden und Proklamationen*, Band 2, S. 1083.

20 Vgl. Rieger, *The People's Car*, S. 55.

21 Wolfgang Sachs, *Die Liebe zum Automobil*, S. 64.

22 Möser, *Geschichte des Autos*, S. 191.

23 Möser, *Geschichte des Autos*, S. 193.

24 Dietmar Klenke, *Freier Stau für freie Bürger. Die Geschichte der bundesdeutschen Verkehrspolitik 1949 – 1994*, Darmstadt 1995, S. 40.

25 Rieger, *The People's Car*, S. 179: "our old, tried and tested regulations".

Kapitel 3

[1] Vgl. Sachs, *Die Liebe zum Automobil*, S. 82 f.
[2] Vgl. Möser, *Geschichte des Autos*, S. 193.
[3] Vgl. dazu Möser, *Geschichte des Autos*, S. 196.
[4] *ADAC-Manifest für Kraftfahrt 1965*, zitiert nach Sachs, *Die Liebe zum Automobil*, S. 94f.
[5] *ADAC-Manifest für Kraftfahrt 1965*, zitiert nach Sachs, *Die Liebe zum Automobil*, S. 94f.
[6] Sachs, *Die Liebe zum Automobil*, S. 87.
[7] Sachs, *Die Liebe zum Automobil*, S. 90.
[8] MacGregor, *Deutschland*, S. 393.
[9] Ewing, *Faster – Higher – Farther*, Kindle edition, pos. 555.
[10] *Ist der VW veraltet?*, in: *Stern* Nr. 43, 1957, S. 52–61, zitiert nach Rieger, *The People's Car*, S. 236.
[11] *Der Spiegel* Nr. 16/75, S. 151.
[12] *VW: Wir müssen schrumpfen, schrumpfen, schrumpfen*, in: *Der Spiegel* Nr. 16/75, S. 29.
[13] Vgl. Möser, *Geschichte des Autos*, S. 204.
[14] Möser, *Geschichte des Autos*, S. 204.
[15] Möser, *Geschichte des Autos*, S. 205.
[16] Béla Barényi, *Wege zum ausgewogenen Alltagsauto von morgen*, in: *Automobil-Industrie* 2/16, zitiert nach Niemann, *Béla Barényi*, S. 173.
[17] Zitiert nach Möser, *Geschichte des Autos*, S. 261.
[18] *Sicherheitsgurte: Furcht vor der Fessel*, in: *Der Spiegel* Nr. 50/75, S. 41.
[19] Zitiert nach Niemann, *Béla Barényi*, S. 99.
[20] Zitiert nach Möser, *Geschichte des Autos*, S. 275.
[21] In: Bonner Republik 1949–1998 (TV-Sendung). Teil 3/6: 1969–1974: Sozial-liberale Koalition Brandt/Scheel | PHOENIX, zit. nach Wikipedia: Ölpreiskrise.

Kapitel 4

[1] Winner, *The Whale and the Reactor*, S. 8–18.
[2] Latour, *Wir sind nie modern gewesen*, S. 70 ff.
[3] Feenberg, *Transforming Technology*, S. 76 f.
[4] Canzler/Andreas Knie, *Die digitale Mobilitätsrevolution*, S. 30.
[5] Interview mit Julian Nida-Rümelin: *Das ist an Zynismus nicht zu überbieten*, in: *Handelsblatt* 30.7.2017
[6] Dudenhöffer, *Wer kriegt die Kurve?*, S. 23.
[7] S. Erk/M. Spitzer/Arthur P. Wunderlich/Lars Galley/Henrik Walter, *Cultural objects modulate reward circuitry*, in: *Neuroreport*, Vol. 13, Nr. 8, 2002, S. 2499–2502.
[8] Foucault, *Überwachen und Strafen*, S. 258.
[9] Plessner, *Grenzen der Gemeinschaft*, S. 84.
[10] Dudenhöffer, *Wer kriegt die Kurve?*, S. 24.

[11] Plessner, *Grenzen der Gemeinschaft*, S. 82.
[12] Plessner, *Grenzen der Gemeinschaft*, S. 94.
[13] Sofsky, *Verteidigung des Privaten*, S. 37.
[14] Drösser, *Wie wir Deutschen ticken*, S. 20.
[15] Rauterberg, *Wir sind die Stadt!*, S. 55.

Kapitel 5

[1] Sachs, *Die Liebe zum Automobil*, S. 109.
[2] Ernst Kapp, *Grundlinien einer Philosophie der Technik*, Braunschweig 1877, S. 29 ff.
[3] Freud, *Das Unbehagen in der Kultur*, S. 56 f.
[4] Sachs, *Die Liebe zum Automobil*, S. 157.
[5] Fromm, *Haben oder Sein*, S. 93.
[6] Barthes, *Mythen des Alltags*, S. 76 ff.
[7] Sloterdijk, *Eurotaoismus*, S. 42.
[8] *Interview mit Peter Sloterdijk: Rollender Uterus*, in: *Der Spiegel* Nr. 8/95, S. 130.
[9] Houllebecq, *Ausweitung der Kampfzone*, S. 108.
[10] Früchtl, *Das unverschämte Ich*, S. 243.
[11] Roberto Saviano, *Gefallene Männer: Regeln, Codes und Blutrituale*, in: *Vice*, Volume 10, Nummer 11, Dezember 2014.

Kapitel 6

[1] Zitiert nach Safranski, *Romantik*, S. 13.
[2] Nietzsche, *Ecce Homo*, S. 123.
[3] Wagner, *Deutsche Kunst und deutsche Politik*, S. 96 f.
[4] Adorno, *Auf die Frage: Was ist deutsch?*, S. 695.
[5] Zitiert nach Safranski, *Romantik*, S. 349.
[6] Zitiert nach Safranski, *Romantik*, S. 354 f.
[7] Safranski, *Romantik*, S. 354.
[8] Zitiert nach Safranski, *Romantik*, S. 350.
[9] Plessner, *Grenzen der Gemeinschaft*, S. 22.
[10] Horkheimer, *Zur Kritik der instrumentellen Vernunft*, S. 144.

Kapitel 7

[1] Sloterdijk, *Eurotaoismus*, S. 43.
[2] Martin Randelhoff, *Die drei Haupttheoreme der Stauforschung*, 22.12.2017, www.zukunft-mobilitaet.net/3344/analyse/wie-entstehen-staus-phantomstau/ (abgerufen am 15.02.2019).

Kapitel 8

[1] Infratest Dimap, *Deutschland-Trend*, in: ARD-Morgenmagazin, 25.1.2019.
[2] *Das ist mein Leben, nicht eures*, in: *Der Spiegel* Nr. 6/2019.
[3] Schlothauer & Wauer, *Auswirkungen eines allgemeinen Tempolimits auf Autobahnen im Land Brandenburg*, Oktober 2007, https://mil.brandenburg.de/media_fast/4055/studie_tempolimit.pdf (abgerufen am 15.02.2019).

Anmerkungen

4 Vgl. Marco Evers, *Was Deutschland von Schweden lernen kann*, in: *Spiegel Online*, 24.1.2019.

5 René Pfister, *Deutsche Obsession*, in: *Der Spiegel Nr. 5/2019*.

6 Rainer Hank, *Nichts gegen das Auto*, in: *Frankfurter Allgemeine Sonntagszeitung*, 3.2.2019, S. 18.

7 Reinhard Müller, *Ein Stück Freiheit*, in: *Frankfurter Allgemeine Zeitung*, 29.1.2019, S. 1.

8 Hegel, *Grundlinien der Philosophie des Rechts*, § 7 Zusatz, S. 30.

Kapitel 9

1 Dudenhöffer, *Wer kriegt die Kurve?*, S. 99.

2 Herrmann/Brenner, *Die autonome Revolution*, Kindle Edition, pos. 5251.

3 Thomas Ramge, *Mensch und Maschine*, Stuttgart 2018, S. 14.

4 Markus Brauck/Dietmar Hawranek/Thomas Schulz: *Steuer frei*, in: *Der Spiegel* 9/16, S. 14.

5 Anders, *Die Antiquiertheit des Menschen*, Erster Band, S. 23 ff.

6 Dudenhöffer, *Wer kriegt die Kurve?*, S. 102.

7 Continental, *Where are we heading? Path to mobility of Tomorrow. The Continental Mobility Study*, Dezember 2018, https://www.continental-corporation.com/resource/blob/155636/143035a4e9f11245f39d7583c70cde9e/die-studie-data.pdf (abgerufen am 15.02.2019).

8 Markus Brauck/Dietmar Hawranek/Thomas Schulz: *Steuer frei*, in: *Der Spiegel* 9/16, S. 14.

9 Dudenhöffer, *Wer kriegt die Kurve?*, S. 103.

10 Canzler/Knie, *Die digitale Mobilitätsrevolution*, S. 30.

11 Vgl. Canzler/Knie, *Die digitale Mobilitätsrevolution*, S. 31.

12 Straßenverkehrsordnung Deutschland, § 1.

Kapitel 10

1 Zitiert nach Hans Leyendecker/Georg Mascolo/Klaus Ott/Nicolas Richter, *Hört auf mit dem Pipi*, in: *Süddeutsche Zeitung*, 29./30.7.2017, S. 11 f.

2 Hans Leyendecker/Georg Mascolo/Klaus Ott/Nicolas Richter, *Hört auf mit dem Pipi*, in: *Süddeutsche Zeitung*, 29./30.6.2017, S. 11 ff.

3 Zitiert nach Hans Leyendecker/Georg Mascolo/Klaus Ott/Nicolas Richter, *Hört auf mit dem Pipi*, in: Süddeutsche Zeitung, 29./30.7.2017, S. 11 f.

4 Ewing, *Faster – Higher – Farther*, Kindle Edition pos. 2032.

5 Marcus Jauer, *Was kann der deutsche Ingenieur?*, in: *Die Zeit*, Nr. 41/2018.

6 Interview mit Herbert Diess, *So eine Industrie kann schneller abstürzen, als viele glauben*, in: *Süddeutsche Zeitung*, 11.10.2018.

7 Dudenhöffer, *Wer kriegt die Kurve?*, S. 68.

8 Interview mit Herbert Diess: *So eine Industrie kann schneller abstürzen, als viele glauben*, in: *Süddeutsche Zeitung*, 11.3.2018.

9 Interview mit Harald Krüger: *Der Diesel kann sich sehen lassen*, in: *Frankfurter Allgemeine Sonntagszeitung*, 6.8.2017, S. 21.

10 *Daimler-Vorstand beschließt umfassenden Zukunftsplan für Dieselantriebe*, Daimler-Presseinformation, 18.7.2017.

11 Canzler/Knie, *Taumelnde Giganten*, S. 8.

12 Center of Automotive Management, *Automotive Performance 2018*, zitiert nach Franz Hubik, *Die „fetten Jahre" in der Autoindustrie sind „erst einmal vorbei"*, in: *Handelsblatt*, 16.10.2018.

13 Franz Hubik, *Die „fetten Jahre" in der Autoindustrie sind „erst einmal vorbei"*, in: *Handelsblatt*, 16.10.2018.

14 Clayton Christensen, *The Innovator's Dilemma: When new technologies cause great firms to fail*, Harvard 1997.

15 Oliver Koppel/Thomas Puls/Enno Röben, *Die Patentleistung der deutschen KFZ-Unternehmen*, in: *Institut für deutsche Wirtschaft, IW-Report* 34/18.

16 Vgl. Franz Hublik, *Die fetten Jahre sind vorbei*, in: *Handelsblatt*, 16.10.2018

Kapitel 11

1 *Ärzte-Aufstand gegen Feinstaub-Hysterie*, in: *Bild-Zeitung*, 23.1.2019.

2 *ADAC will Überprüfung der EU-Grenzwerte für Feinstaub und Stickoxide*, in: *Handelsblatt*, 23.1.2019.

3 Stefan Tomik, *Ein Lungenarzt macht Politik*, in: *Frankfurter Allgemeine Sonntagszeitung*, 27.1.2019.

4 Stefan Tomik, *Ein Lungenarzt macht Politik*, in: *Frankfurter Allgemeine Sonntagszeitung*, 27.1.2019.

5 Dieter Köhler, *Stellungnahme zur Gesundheitsgefährdung durch Feinstaub und Stickstoffverbindungen*.

6 Prof. Dr. med. Dieter Köhler, *Stellungnahme zur Gesundheitsgefährdung durch Feinstaub und NO_x*, Januar 2019, https://www.lungenaerzte-im-netz.de/fileadmin/pdf/Stellungnahme_NOx_und_Feinstaub.pdf (abgerufen am 18.02.2019).

7 Positionspapier der Deutschen Gesellschaft für Pneumologie und Beatmungsmedizin e.V. 2018: Holger Schulz et al., *Atmen. Luftschadstoffe und Gesundheit*, https://pneu

mologie.de/fileadmin/user_upload/DGP_
Luftschadstoffe_Positionspapier_20181127.
pdf (abgerufen am 15.02.2019).
[8] Malte Kreutzfeldt, *Lungenarzt mit Rechen-
schwäche*, in: *taz*, 13.2.2019.
[9] Werner Bartens, Ein Gesundheitsproblem,
das jeden betrifft, in: *Süddeutsche Zeitung*,
23.1.2019.
[10] Umweltbundesamt, *Stickstoffdioxidbelas-
tung geht 2018 insgesamt leicht zurück*,
Pressemitteilung, 31.1.2019.
[11] Umweltbundesamt, *Klimaschutz geht auch
mit Benzinern – Diesel überschätzt*,
18.3.2018, vgl. auch Umweltbundesamt, *Neun
Fragen und Antworten zum Diesel*, www.
umweltbundesamt.de/themen/neun-fragen-
antworten-diesel (abgerufen am 18.02.2019).
[12] Christiane Grefe/Friederike Pinzler, *Von selbst
geschieht wenig*, in: *Die Zeit*, 7.2.2019.
[13] Prof. Dr. med. Dieter Köhler, *Stellungnahme
zur Gesundheitsgefährdung durch Feinstaub
und NO$_X$*, Januar 2019, https://www.lungen
aerzte-im-netz.de/fileadmin/pdf/Stellung
nahme__NOx_und__Feinstaub.pdf (abgerufen
am 18.02.2019).

Kapitel 12

[1] Interview mit Ioannis Sakkaros, *Ich protes-
tiere für die kleinen Leute*, ntv, 7.2.2019.
[2] Matthias Bartsch/Jan Friedmann/Simon
Hage/Tim Kummert/Michael Sauga/Gerald
Traufetter, *Kulturkampf ums Auto*, in: *Der
Spiegel* Nr. 5/2019, S. 31.
[3] *IG-Metall gegen zusätzliche Kosten für
deutsche Autofahrer*, ntv Kurznachrichten,
21.1.2019.
[4] Gerald Traufetter, *Leicht entzündlich*, in:
Der Spiegel Nr. 4/2019, S. 37.
[5] Münkler, *Die Deutschen und ihre Mythen*,
S. 466.

[6] Münkler, *Die Deutschen und ihre Mythen*,
S. 467.
[7] Münkler, *Die Deutschen und ihre Mythen*,
S. 465.
[8] Marcuse, *Der eindimensionale Mensch*, S. 29.
[9] Claudius Seidl, *Das Recht auf Raserei*, in:
Frankfurter Allgemeine Sonntagszeitung,
10. Februar 2019, S. 33.

Kapitel 13

[1] Sachs, *Die Liebe zum Automobil*, S. 206.
[2] Sachs, *Die Liebe zum Automobil*, S. 210.
[3] Sachs, *Die Liebe zum Automobil*, S. 257.
[4] Stefan Bratzel, *Junge Generation und die
Mobilität der Zukunft*. Center of Automotive Management 2018, http://auto-institut.
de/index_htm_files/Pressemitteilung_Mobi
litaet_Junge%20Generation.pdf (abgerufen
am 15.02.2019).
[5] Stefan Bratzel, *Junge Generation und die
Mobilität der Zukunft*. Center of Automotive
Management 2018, http://auto-institut.de/
index_htm_files/Pressemitteilung_Mobilitaet_
Junge%20Generation.pdf (abgerufen am
15.02.2019).
[6] Vgl. Friederike Korte/Edgar Göll/Siegfried
Behrendt, *Automobilität im Wandel*. Institut
für Zukunftsstudien und Technologiebewer
tung, Borderstep Institute, adelphi. 2017, S. 22,
https://evolution2green.de/sites/evolution2g
reen.de/files/documents/2017-01-automobili
taet_im_wandel_izt.pdf (abgerufen am 15.02.
2019).
[7] Canzler/Knie/Ruhrort/Scherf, *Erloschene
Liebe?*, Kindle Edition, Pos. 140.
[8] Vgl. Michael Kröger, *Warum Deutschland
auch ohne VW, Daimler und BMW klar-
kommt*, in: *Spiegel Online* 18.12.2018.
[9] Dudenhöffer, *Wer kriegt die Kurve?*, S. 16.
[10] Rauterberg, *Wir sind die Stadt!*, S. 52.

Literatur

Adorno, Theodor W., **Auf die Frage: Was ist deutsch**, in: Ders., Stichworte. Kritische Modelle 2, in: **Kulturkritik und Gesellschaft II** (Gesammelte Schriften Bd. 10). Frankfurt/Main 2003
Anders, Günther, **Die Antiquiertheit des Menschen**. München 1985
Armstrong, Karen, **Eine kurze Geschichte des Mythos**. Berlin 2005
Barthes, Roland, **Mythen des Alltags**. Frankfurt/Main 2003 (franz. Original 1957)
Benz, Carl, **Lebensfahrt eines deutschen Erfinders**. München/Berlin 2001 (Original 1925)
Bierbaum, Otto Julius, **Eine empfindsame Reise im Automobil**. München 1903
Canzler, Weert/Knie, Andreas/Ruhrort, Lisa/Scherf, Christian, **Erloschene Liebe? Das Auto in der Verkehrswende**. Bielefeld 2018
Canzler, Weert/Knie, Andreas, **Die digitale Mobilitätsrevolution**. München 2016
Canzler, Weert/Knie, Andreas, **Taumelnde Giganten**. München 2018
Domarus, Max, **Hitler: Reden und Publikationen**. Wiesbaden 1973
Drösser, Christoph, **Wie wir Deutschen ticken**. Hamburg 2015

Dudenhöffer, Ferdinand, **Wer kriegt die Kurve?**. Frankfurt/New York 2016
Ewing, Jack, **Faster, higher, farther. The Volkswagen Scandal**. New York/London 2017 (deutsch: **Wachstum über alles. Der VW-Skandal**. München 2017)
Feenberg, Andrew, **Transforming Technology**. Oxford 2002
Freud, Sigmund, **Das Unbehagen in der Kultur**. Frankfurt/Main 1994 (Original 1930)
Fromm, Erich, **Haben oder Sein**. München 2013 (Original 1976)
Foucault, Michel, **Überwachen und Strafen**. Frankfurt/Main 1976 (franz. Original 1975)
Früchtl, Josef, **Das unverschämte Ich: Eine Heldengeschichte der Moderne**. Frankfurt/Main 2004
Hegel, Georg Wilhelm Friedrich, **Grundlinien der Philosophie des Rechts**. Frankfurt/Berlin/Wien 1972 (Original 1820)
Herrmann, Andreas/Brenner, Walter, **Die autonome Revolution. Wie selbstfahrende Autos unsere Straßen erobern**. Frankfurt/Main 2018
Hesse, Hermann, **Der Steppenwolf**. Frankfurt/Main 1974 (Original 1927)
Horkheimer, Max, **Zur Kritik der instrumentellen Vernunft**. Frankfurt/Main 1985 (engl. Original 1947)
Houellebecq, Michel, **Ausweitung der Kampfzone**. Reinbek 2000 (franz. Original 1994)
Kaschuba, Wolfgang, **Die Überwindung der Distanz. Zeit und Raum in der Moderne**. Frankfurt/Main 2004
Kershaw, Ian, **Hitler. 1889–1945**. München 2009
Latour, Bruno, **Wir sind nie modern gewesen**. Frankfurt/Main 2008 (franz. Original 1991)
MacGregor, Neil, **Deutschland. Erinnerungen einer Nation**. München 2015
Marcuse, Herbert, **Der eindimensionale Mensch**. München 1994 (engl. Original 1964)
Möser, Kurt, **Geschichte des Autos**. Frankfurt/New York 2002
Mommsen, Hans (mit Manfred Grieger), **Das Volkswagenwerk und seine Arbeiter**. Berlin 1996
Münkler, Herfried, **Die Deutschen und ihre Mythen**. Berlin 2009
Niemann, Harry, **Béla Barényi – Sicherheitstechnik made by Mercedes-Benz**. Stuttgart 2002
Nietzsche, Friedrich, **Ecce Homo**. München 2005 (Original 1908)
Plessner, Helmuth, **Grenzen der Gemeinschaft**. Frankfurt/Main 2001
Pyta, Wolfram, **Porsche. Vom Konstruktionsbüro zur Weltmarke**. München 2017
Ramge, Thomas, **Mensch und Maschine**. Stuttgart 2018
Rammler, Stefan, **Volk ohne Wagen**. Frankfurt/Main 2017
Rauterberg, Hanno, **Wir sind die Stadt**. Berlin 2013
Rieger, Bernhard, **The People's Car. A Global History of the Volkswagen Beetle**. Cambridge/London 2013
Sachs, Wolfgang, **Die Liebe zum Automobil**. Reinbek 1984
Safranski, Rüdiger, **Romantik. Eine deutsche Affäre**. München 2007
Sloterdijk, Peter, **Eurotaoismus**. Frankfurt/Main 1989
Sofsky, Wolfgang, **Verteidigung des Privaten**. München 2007
Wagner, Richard, **Deutsche Kunst und deutsche Politik** (Gesammelte Schriften und Dichtungen Bd. 8). Leipzig 1888
Wendorff, Rudolf, **Zeit und Kultur**. Opladen 1980
Winner, Langdon, **The Whale and the Reactor**. Chicago 1986

Bildnachweis